といって

版权所有　侵权必究

图书在版编目（CIP）数据

世界之最/《图说天下》编委会编著. — 长春：北方妇女儿童出版社, 2023.6
（图说天下少年博物）
ISBN 978-7-5585-7394-1

Ⅰ.①世… Ⅱ.①图… Ⅲ.①科学知识-少年读物 Ⅳ.① Z228.1

中国国家版本馆 CIP 数据核字 (2023) 第 062915 号

世界之最
SHIJIE ZHI ZUI

出 版 人	师晓晖
策 划 人	师晓晖
责任编辑	邱　岚　魏士昌
整体制作	北京日知图书有限公司
开　　本	720mm×787mm 1/12
印　　张	15
字　　数	300千字
版　　次	2023年6月第1版
印　　次	2023年6月第1次印刷
印　　刷	文畅阁印刷有限公司
出　　版	北方妇女儿童出版社
发　　行	北方妇女儿童出版社
地　　址	长春市福祉大路5788号
电　　话	总编办：0431-81629600
	发行科：0431-81629633
定　　价	100.00元

FOREWORD 前言

我们生活的这个世界上有着无数令人惊叹的奇迹，也有着太多未知等待着人们去探索和发现。人类在数十个世纪里，一直感受着自然造物的神奇，也用自身的行动不断地给世界制造着惊喜。翻开本书，一个精彩的世界将会立刻呈现在你的眼前。

宇宙中的无穷奥秘等着你去探索，美国宇航员阿姆斯特朗第一次在月球上留下了人类的足迹，他的一小步，成就了人类登月史上的一大步；大自然的鬼斧神工等着你去惊叹，艾尔斯巨岩看上去就像一座大山，可它却是一块完整的大石头；缤纷绚丽的城市等着你去游览，每天，世界上的第一缕阳光会照射在富纳富提的土地上，给这座美丽的城市增添一抹亮丽的金黄；千奇百怪的动物等着你去发现，最长寿的龟可以活一百多年甚至几百年，是人类寿命的几倍……闪闪的星空中，天狼星和金星究竟谁最亮？领土面积最大的俄罗斯要比领土面积最小的梵蒂冈大多少倍呢？最冷和最热的城市相比，会差多少度？……

《世界之最》囊括了所有你能想到或想不到的"之最"——最高、最矮、最大、最小、最长、最多、最快、最慢……让你在愉悦的氛围中增长知识，大饱眼福。

神秘的太空，多变的地貌，有趣的生命，美丽的国家，缤纷的城市，辉煌的科技，灿烂的艺术……内容丰富，精彩纷呈，生动有趣的文字，配以丰富多彩的画面，让你如身临其境般感受世界的美妙。

《世界之最》会带你踏上知识的快车，畅游于宇宙天地间。

目录 CONTENTS

第一章
探索宇宙的奥秘——天文之最

最古老的天文台 / 10
最亮的恒星 / 10
最亮的行星 / 11
离太阳最近的恒星 / 11
太阳系中自转速度最快的行星 / 12
太阳系中最美丽的行星 / 12
宇宙中最冷的地方 / 13
引力最强的天体 / 13
最大的陨石 / 14
第一位在太空漫步的人 / 15
最早登上月球的人 / 15
专题：八大行星 / 16

第二章
神奇多变的地貌——地理之最

最大的海 / 18
最小的海 / 18
最淡的海 / 19
最小的洋 / 20
最大的洋 / 20
最深的湖泊 / 21
最咸的湖泊 / 21
海拔最高的大型淡水湖 / 22
最大的湖 / 23
最长的河 / 24
流域最广的河 / 24
含沙量最多的河流 / 25

最宽的跨国瀑布 / 26
落差最大的瀑布 / 27
最大的海底洞穴 / 27
沙漠化最严重的大陆 / 28
地表最大的垂直距离 / 29
距离海洋最远的陆地 / 29
面积最大的大洲 / 30
最大的群岛 / 30
最大的岛屿 / 31
最大的火山岛 / 31
最大的单体岩石 / 32
最大的沙漠 / 33
最大的"冰库" / 34
最深的海沟 / 35
最长的裂谷 / 35
最长的山脉 / 36
最高的高原 / 36
最深的峡谷 / 37
最低的盆地 / 38
最大的珊瑚礁 / 39
专题：著名的火山 / 40

第三章
形形色色的国家——国家之最

领土面积最大的国家 / 42
领土最狭长的国家 / 43
领土面积最小的国家 / 43
海拔最高的国家 / 44
地势最低的国家 / 45
最小的岛国 / 46
岛屿最多的国家 / 46
高峰最多的国家 / 47
可可产量最多的国家 / 48
最早种植咖啡的国家 / 48
最爱喝茶的国家 / 49

水最昂贵的国家 / 49
接待游客最多的国家 / 50
最早拥有现代意义博物馆的国家 / 51
拥有最古老国旗的国家 / 51
最喜欢足球的国家 / 52
最早创造阿拉伯数字的国家 / 52
最喜欢古典音乐的国家 / 53

第四章
独一无二的城市——城市之最

最东边的城市 / 54
最南边的城市 / 55
最北边的城市 / 55
海拔最高的首都 / 56
名字最长的首都 / 56
打雷最多的城市 / 57
雨天最多的城市 / 58
最宜居的城市 / 58
最冷的村镇 / 59
第一个迎接日出的城市 / 59
最香的城市 / 60
离赤道最近的城市 / 60
日照时间最长的城市 / 61
举世无双的跨洲名城 / 62
花园城市 / 63
桥梁最多的城市 / 63

第五章
千奇百怪的动物——动物之最

陆地上最大的食草动物／64
陆地上最大的食肉动物／65
最大的灵长类动物／66
眼睛最大的哺乳动物／67
最原始的哺乳动物／67

走得最慢的兽／68
世界最大的动物／68
最致命的攻击性动物／69
最小的熊／69
奔跑速度最快的哺乳动物／70
最会变颜色的蜥蜴／71
最毒的蛙／71
专题：神奇老虎秀／72
最大的有袋动物／74
最高的动物／75
最臭的动物／76
最耐渴的动物／77

生活在海拔最高处的哺乳动物／77
最大的陆龟／78
潜得最深的动物／78
最聪明的动物／79
牙齿最多的恐龙／80
爪子最大的恐龙／80
最大的鸟／81
最小的鸟／81
专题：奇异的鸟类／82
最耐寒的鸟／84
嘴巴最大的鸟／85
最大的孔雀种类／85
最原始的鸟／86
飞得最远的鸟／86
羽毛最多的鸟／87
最大的鱼／88

筑巢最精致的鱼／88
最懒的鱼／89
寿命最长与最短的鱼／89
游得最快的鱼／90
最不怕冷的鱼／90
眼睛最多的昆虫／91
最长的昆虫／91
声音最大的昆虫／92
最大的蜘蛛／92
最大和最小的蝴蝶／93

第六章
非比寻常的植物——植物之最

最轻的树木 / 94
最大的种子 / 94
最臭的花 / 95
最大和最小的花 / 95
最小的果实 / 96
脾气最暴躁的果实 / 96
最奇妙的吃虫植物 / 97
捕食最快的食肉植物 / 97
最古老的树 / 98
最高大的树 / 99

最粗的药用树 / 100
贮水本领最强的树 / 101
生长速度最慢的树 / 101
最大的叶子 / 102
植物界的最大家族 / 103
最高的仙人掌 / 103

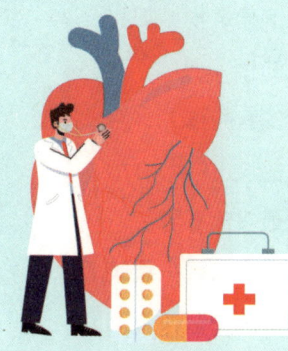

第七章
最具智慧的生命——人类之最

人体最大的器官 / 104
人体最大的细胞 / 104
人体最坚硬的部分 / 105
人体最细小的血管 / 105
人体消化道中最长的器官 / 106
人体最大的解毒器官 / 106
人体最高级的神经中枢 / 107
最早环球航行的人 / 107
最早成功横渡大西洋的人 / 108
最早登上珠穆朗玛峰的人 / 109
在位时间最长的女王 / 109

第八章
独具风格的建筑——建筑之最

最古老的石拱桥 / 110
最长的建筑物 / 111
最长的桥 / 111
最大的宫殿群 / 112
最大的城市中心广场 / 113
壁画最多的石窟 / 114
规模最大的祭祀建筑 / 114
海拔最高的宫殿 / 115
最早的国家公园 / 115
最大的金字塔 / 116
包厢层数最多的剧院 / 117
现存最早和最长的水槽 / 117
最古老和最大的方尖碑 / 118
最大的宗教建筑群 / 118
现今世界上最长的悬索桥 / 119
最大的古代圆形剧场 / 120
保存最完整的古罗马建筑 / 121
世界上最古老的斜塔 / 121
最大的佛教金塔 / 122
第一座铁结构高塔 / 123
最高的摩天大楼 / 124
现存最高的木塔 / 125
最著名的凯旋门 / 125
最高的双子塔 / 126
世界最大的天主教教堂 / 126
最高的城堡 / 127

专题:奇特的建筑 / 128

第九章
文艺百宝箱——文化艺术之最

最早的文字 / 130
最大的字典 / 130
最畅销的丛书 / 131
最大的百科全书 / 132
最长的史诗 / 132

"最美丽"的雕像 / 133
最重的雕像 / 134
最高大的石刻佛像 / 135
最名贵的肖像画 / 136
最出色的圣母像画家 / 137
被盗次数最多的绘画作品 / 138
最古老的大型乐器 / 139
最早的钢琴 / 139
年龄最小的奥斯卡奖得主 / 140
最著名的电影奖项 / 141
第一个国际电影节 / 141
第一部获得奥斯卡奖的动画电影 / 142
第一位获得诺贝尔文学奖的女作家 / 142
最大的电影城 / 143

〔第十章〕
改变生活的发明——发明之最

最早发现维生素的人 / 144

最早的指南针 / 144

最早的听诊器 / 145

最早的角膜移植手术 / 145

第一座核反应堆与第一座核电站 / 146

第一台工业机器人 / 147

最早的地图 / 147

最早的电梯 / 148

最早的微波炉 / 149

最早的洗衣机 / 149

最早的显微镜 / 150

第一个望远镜 / 150

第一台打字机 / 151

最早的空调 / 151

最早的抽水马桶 / 152

最早的电灯 / 152

最早的照相机 / 153

第一台现代电子计算机 / 154

最早的电视机 / 154

最早的手表 / 155

最古老的钟 / 155

最早的无线电广播 / 156

最早的电话 / 157

第一部移动电话 / 157

最早的降落伞 / 158

最早的旱冰鞋 / 158

最早的剃须刀 / 159

最畅销的饮料 / 159

〔第十一章〕
交通工具大集合——交通之最

最早的摩托车 / 160

第一架斜翼飞机 / 160

最早的动力飞机 / 161

最大的运输机 / 162

第一辆自行车 / 162

最早的帆船 / 163

第一艘潜水艇 / 163

最长的轿车 / 164

第一辆载人轿车 / 164

第一辆火车 / 165

海拔最高的铁路 / 166

最长的铁路 / 167

最长的定期旅客列车 / 167

附录：世界之最知多少 / 168

第一章

探索宇宙的奥秘——天文之最
Tansuo Yuzhou De Aomi—Tianwen Zhi Zui

我们生活的太阳系不过是银河系中极微小的一部分。如果把目光望向更广袤的宇宙，你会发现，对我们来说已然十分"庞大"的银河系，也不过是宇宙中的沧海一粟。许多科学家认为，宇宙起源于138亿年前的一场大爆炸，在这次大爆炸中，宇宙空间不断膨胀，形成了众多美丽而神秘的天体。

最古老的天文台 observatory

从古至今，人们对宇宙的好奇与探索都从未停止。早在约公元前2600年，生活在尼罗河流域的古埃及人发现，每当天狼星升起时尼罗河就会泛滥，带来肥沃的土壤。为了更好地观测天狼星，古埃及人建造了天文台，这也是迄今为止已知的世界上最早的天文台。而至今保存完好的最古老的天文台之一是位于韩国庆州的瞻星台，大约建于632~647年间。

韩国庆州瞻星台

最亮的恒星 star

天狼星是肉眼可见的最亮的恒星，位于大犬座，我们在冬季的夜空中可以很轻易地找到它，它在黑暗的夜空中闪烁着蓝色的光芒。天狼星距离我们大约有8.6光年，在广袤无垠的宇宙中，这个距离并不算远。

人类很早就注意到并开始了解天狼星。在古代中国，天狼星被认为是"恶星"，象征敌人的侵扰；而古埃及人认为它是"洪水之星"，因为当天狼星在黎明时从东方地平线升起，就代表尼罗河泛滥的季节到来了。

最亮的 行星 *planet*

太阳系八大行星

水星 金星 地球 火星 木星 土星 天王星 海王星

夜空中最明亮的行星是哪一颗？它与最亮的恒星——天狼星相比，哪个更亮？答案是金星。

金星是太阳系八大行星中距离地球最近的一颗，可以说是地球的姐妹。尽管大小和地球差不多，但它有许多独特的地方：首先，金星是一颗"与众不同"的行星，它是太阳系八大行星中唯一逆向自转的行星，也就是说在金星上见到的太阳是从西边升起来的；其次，金星表面的温度高达480℃，竟然比距离太阳最近的水星还要热，这是因为它穿着一层厚厚的"二氧化碳装"。

人们会在黎明时的东方或黄昏时的西方看见金星。古代的中国人把黎明时的金星叫作"启明星"，把黄昏时的金星叫作"长庚星"。而在西方，金星被称为"维纳斯"，是罗马神话中象征着爱和美的女神。

离 太阳 最近的恒星 *sun*

茫茫宇宙中有无数颗像太阳一样的恒星。在这个庞大的恒星家族中，离太阳最近的一颗是被称为"比邻星"的恒星。

比邻星位于半人马座，距离太阳只有4.25光年，如果乘坐目前最快的宇宙飞船，人们需要十多万年才能到达它。可是在广袤的宇宙中，这个距离就像在家门口一样。人们仅凭肉眼是看不见比邻星的，即使通过望远镜观测，也只能看到一颗小小的、暗红色的星星，它直到1915年才被苏格兰天文学家发现。比邻星可不是太阳这样的"孤家寡人"，它是由三颗恒星聚集在一起的聚星，这三颗恒星互相环绕运转。

solar system 太阳系中自转速度最快的行星

在地球上，一昼夜的时间是24小时，也就是说，地球自转一周的时间是24小时。那么，太阳系中还有比地球自转速度更快的行星吗？当然有，它就是太阳系中的"巨无霸"——木星。木星自转一圈只需要9小时50分。

在太阳系八大行星中，木星的个头儿最大，体积是地球的1300多倍，质量比太阳系中其他七颗行星加在一起的总质量还要大。木星虽然身形庞大，但转起圈来一点儿也不费劲，它的自转速度是太阳系中最快的。在晴朗夜晚的星空中，木星的平均亮度仅仅比月亮和金星暗一些。古代中国人用木星定岁纪年，所以把它叫作岁星；西方天文学家则把木星叫作朱庇特，是罗马神话中的主神，相当于希腊神话中的"宙斯"。

土星美丽的光环由无数形状、大小不等的冰块、岩块组成，它们以很快的速度围绕土星运转，在太阳光的照耀下呈现出各种颜色。

beautiful 太阳系中最美丽的行星

当意大利天文学家伽利略用自己发明的望远镜观测土星时，他画了一个有两只大把手的圆盘。人们一直不清楚这两只大把手是什么东西，直到100多年后，天文学家才观测到那是土星巨大而美丽的光环。土星的光环是由无数个小块物体组成的，这些小块物体在土星赤道面上绕土星旋转。土星的光环使得它成为太阳系中最美丽的行星。

土星围绕太阳公转一周需要大约29.46年，可是土星的自转速度很快，自转一周只需要10小时14分钟。土星的密度很小，甚至比水的密度还要小，如果有足够大的海洋，土星就可以浮在这个海洋上面。

universe
🪐 宇宙中最冷的地方

宇宙空间好比是一个寒冷的巨大冰箱，那里的温度非常低。那么，宇宙中最寒冷的地方在哪里呢？

美国人通过哈勃空间望远镜，在人马座发现了一个名叫"回飞棒星云"的天体。那是一团由正在死亡的恒星排出的气体，距离地球非常远。在人类迄今为止所了解的宇宙中，绝大多数星云的温度都高于-270℃；而回飞棒星云的温度则是-272℃。

和大多数星云不同，回飞棒星云旋转的两翼并不平衡，就像回旋飞行器一般，这也是它名字的由来。回飞棒星云的中心星以接近60万千米/时的高速喷出云气和尘埃风，由此形成了它独特的形状。

半人马座ω球状星团是银河系中最大，最亮的球状星团。

当黑洞靠近一颗恒星时，黑洞强大的引力会将恒星上的气体高速拉拽过来，并在黑洞周围形成一个螺旋状的旋涡——吸积盘。

gravitation
🪐 引力最强的天体

太阳的引力很大，所以地球等行星只好围着它运转。可是与其他一些强引力的天体比起来，太阳就只能"自愧不如"了。

宇宙中引力最强的天体要数黑洞，它有着巨大的引力，就连传播速度最快的光和电磁波也逃不出它的"手掌"。因为它把周围的光都吸收了，人们没法看见它，所以就叫它"黑洞"。不过，人们可以通过引力作用来确定它的存在。黑洞的引力很强大，在它的周围会发生很多有趣的事情，比如，它能够使本来直线传播的光线发生弯曲。

大约2万年前,一个直径60多米,重十几万吨的铁陨星以每秒20千米左右的速度坠落在美国亚利桑那州,砸出了一个直径1240米、深170米的陨石坑。

一颗陨星以极大的速度撞入地球内部。每年大概有一万多颗陨石坠落到地球上。

meteorite 最大的陨石

陨石是指来自行星际空间、穿过地球大气层烧蚀后而残留下来并降落到地面的地外固体物质,是名副其实的"天外来物"。其中,含石量大的被称为陨石,含铁量大的被称为陨铁。

陨石大小不一,会有很多像豌豆大小的陨石,也会有"巨人"存在。1976年3月8日下午,中国吉林省吉林市附近下了一场很大的陨石雨,当时收集到100多块陨石,总重约2700千克。其中最大的一块陨石被人们叫作"吉林1号陨石",重达1770千克。不过,和最大的陨铁比较起来,这块陨石也只能算是"小弟弟"。1920年,人们在非洲纳米比亚南部地区发现了戈巴陨铁,它的重量大约是60吨。

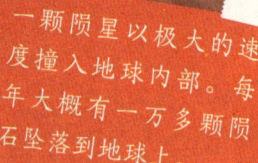
纳米比亚戈巴陨铁

第一位在<u>太空</u>漫步的人
space

在这里看地球简直是太美丽了！

第一位在太空漫步的人是苏联宇航员A.列昂诺夫。1965年，他与别利亚耶夫一起乘"上升2号"宇宙飞船升空。

在绕地飞行一周后，列昂诺夫穿好宇航服，身背氧气筒，走出飞船船舱，进入了宇宙空间。在真空环境里，他的宇航服鼓胀起来，以致根本没有办法返回飞船。在这万分危急的关头，列昂诺夫冒着生命危险，一点点降低宇航服的气压，终于安全地回到了飞船内。

列昂诺夫在空中"飘浮"了12分钟，虽然动作笨拙，但是这次出舱证实了人类是可以在宇宙空间中停留并活动的，为以后的宇宙航行积累了宝贵的经验。

宇航服是宇航员必须穿着的一种特殊服装，它的衣、裤、鞋及手套全部连接起来，密封不透气。

最早登上<u>月球</u>的人
moon

1969年7月16日，3名美国宇航员带着全人类的梦想，乘坐"阿波罗11号"飞船驶向月球。

3天后，飞船到达月球上空，并绕月飞行。7月20日，宇航员阿姆斯特朗和奥尔德林随着"鹰"号登月舱平稳地降落在月球表面。经过6.5个小时的精心准备，阿姆斯特朗打开飞船舱门，缓缓走下台阶。这一刻，地球上的亿万观众看着阿姆斯特朗在月球上留下了人类的第一个脚印。此时，阿姆斯特朗向整个地球的人说道："对于一个人来说，这只是一小步；但对全人类来说，这是一大步。"人类终于成功地登上了月球，阿姆斯特朗也作为登月第一人永载史册。

1969年，乘坐"阿波罗11号"航天飞船登上月球的阿姆斯特朗（左）、科林斯（中）和奥尔德林（右）。

八大行星

水星

按照以太阳为中心、由内到外的顺序，水星是第一颗。它是以罗马神话中掌管商旅和作为众神使者的墨丘利命名的。在它上面看到的太阳，要比在地球上看到的太阳大许多。

金星

金星是以罗马神话中爱和美的女神维纳斯命名的。它的体积、质量、密度、引力和地球非常相似，但金星是自东向西自转的。由于金星有浓厚的大气层反射了大量的太阳光，所以，从地球上看显得非常明亮。早晨的启明星（也叫太白星）指的就是金星。

地球

地球的表面约70.8%被海洋覆盖着，又包裹着厚厚的大气层，因此在宇宙中远远看去，是一颗美丽的星球。地球有适宜的温度，还有氧气和液态的水，因而适合人类生存。

火星

火星是以罗马神话中的战神马尔斯命名的。火星的岩石、沙土和天空都是红色或粉红色的，因此也常被称作"红色的星球"。

木星

木星是太阳系八大行星中最大的一颗。它在天空中非常明亮，平均亮度仅次于月亮、金星，排名第三，是以罗马神话中的主神朱庇特命名的。它的半径是地球的11.2倍，体积是地球的1300多倍，质量是地球的318倍。超过除太阳以外的太阳系其他天体质量的总和。

土星

土星以罗马神话中的农业之神萨图恩的名字命名。它是仅次于木星的太阳系第二大行星，并以其美丽的光环而闻名。橘色的表面上飘浮着明暗相间的彩云，加上赤道面上环绕的发出柔和光辉的星环，土星因此被人们认为是太阳系里最美丽的行星。

天王星

天王星是以希腊神话中的苍穹之神乌拉诺斯命名的。它是一颗冰冷的气体巨星，运行方式也很特别，即它的本身、星环和卫星都是"躺着"旋转的，就像是一个巨大的保龄球，侧身躺在轨道上绕着太阳旋转。

海王星

海王星是一颗蓝色的行星，是以罗马神话中的海神尼普顿命名的。它与天王星极为相似，只是颜色更蓝一些。它是先被科学家们计算出来位置，然后通过搜寻发现的。

第二章

神奇多变的地貌——地理之最
Shenqi Duobian De Dimao——Dili Zhi Zui

从太空看地球，这是一颗美丽迷人的行星。这颗行星70.8%的表面被湛蓝的海水所包围，神秘的海洋中有着星罗棋布的岛屿、绚丽多彩的珊瑚礁……陆地上的地貌更是多姿多彩：巍峨雄伟的高山、汹涌奔流的大河、片片明镜般的湖泊、寒冷荒芜的雪原、浩瀚干燥的沙漠、坚硬无比的岩石、神秘莫测的峡谷和洞穴……这一切组成了人类美丽的家园。

最大的海 *sea*

海是大洋的边缘部分。在地球的海中，面积最大的要数南太平洋的珊瑚海了。珊瑚海的总面积为479万平方千米，接近于中国陆地国土面积的一半。平均水深2394米，最深处达9165米，也就是说，把世界最高峰珠穆朗玛峰倒扣在那里，也不会露出海面。

最小的海 *small*

如果问你海大还是湖大，你一定会毫不犹豫地说海比湖大。但事实上，世间真的有比湖还要小的海，它就是世界上最小的海——马尔马拉海。

马尔马拉海位于亚洲的小亚细亚半岛和欧洲的巴尔干半岛之间，面积仅1.1万平方千米。别看马尔马拉海面积小，它的地理位置可是十分重要呢。马尔马拉海东北经博斯普鲁斯海峡与黑海相连，西南经达达尼尔海峡通爱琴海、地中海、大西洋，如果没有马尔马拉海，黑海就成为一个湖泊了。此外，马尔马拉海还是欧亚两洲的天然分界线。

最淡的海
hypohaline

在人们的印象中，海水是很咸的。那么，所有的海水都那么咸吗？世界上盐度最低的海在哪里呢？

波罗的海位于欧洲的北部，被瑞典、俄罗斯、德国等9个国家所包围。它的面积为42.2万平方千米，超过5个渤海那么大。波罗的海的水很浅，平均深度只有55米。波罗的海最独特的地方在于它的含盐度很低，只有7‰~8‰，而全世界海水平均含盐度是35‰。

波罗的海含盐度低的原因是什么？第一，波罗的海形成的时间还不长，这里原来是一片冰川，在最后一次冰期结束时，冰川大量融化形成了一片海；第二，波罗的海比较封闭，外面盐度高的海水不易进入；第三，波罗的海气温低，蒸发微弱，雨水多，注入的河水多。这样，波罗的海的海水就很淡了。

芬兰赫尔辛基大教堂及波罗的海沿岸风光

最小的洋 *ocean*

北冰洋位于亚洲、欧洲和北美洲之间，面积只有约1475万平方千米，是四大洋中最小的。十个北冰洋加起来也没有太平洋大。

因为被陆地包围，北冰洋比较封闭，只通过狭窄的水道同太平洋和大西洋相连。北冰洋平均深度为1225米，是四大洋中最浅的。

北冰洋地区气候寒冷，最低月平均气温仅–40～–20℃，洋面常年冰冻。这里动物种类很少，生活在水中的有海豹、海象和鲸，栖息在陆地上的有北极熊和北极狐等。北极点附近每年有近半年是漫长的极夜，其余半年是无夜的极昼。这里有时会有绚烂的极光，一般呈带状、弧状、幕状或放射状，北纬70°附近最常见。

最大的洋 *the largest*

太平洋是世界四大洋中面积最大的一个，面积约17967.9万平方千米，超过地球总面积的1/3，把地球上所有的陆地都放在太平洋里还装不满。

整个太平洋看起来就像一个大圆：北部通过白令海峡与北冰洋相连，南部与南极大陆相邻，南北长1.59万千米；东南以南美洲南端合恩角至南极半岛的连线与大西洋分界；西南边与印度洋分界。

太平洋有很多著名的属海，比如东海、黄海、南海、日本海、白令海和珊瑚海等。太平洋中有几万个岛屿，其中面积较大的岛屿有日本群岛、加里曼丹岛和新几内亚岛等。

犹如珍珠般散落在太平洋上的小岛

"巨人之路"海岸是一道通向大海的巨大的天然阶梯，它见证了海洋在漫长岁月中的变迁。

最深的湖泊 *lake*

俄罗斯境内的贝加尔湖就像一弯美丽的新月，它的面积约为3.15万平方千米，这一数字仅列在世界大湖的第七位。然而贝加尔湖里所装的水却超过了世界上除里海外其他的湖泊，占全世界湖泊淡水总量的1/5。这是因为贝加尔湖非常深，最深处达到了1620米。另外，贝加尔湖还是最古老的湖泊，据科学家们研究，它已经在地球上存在超过2500万年了。

贝加尔湖湛蓝清澈，风光秀丽，是著名的旅游胜地。湖水在每年的1~4月间结冰。贝加尔湖流域还有独特的动植物资源，比如，这里生活着世界上独一无二的淡水海豹。

人可仰卧其上而不下沉，是死海一大奇观。

贝加尔湖也被称为"西伯利亚的蓝眼睛"，湖中生活着世界上唯一的淡水海豹，白天会爬到岸边或浮冰上晒太阳。

最咸的湖泊 *briny*

按照湖水含盐度来划分，湖泊可分为咸水湖和淡水湖两种。在所有咸水湖中，死海的含盐度是最高的，达到300‰，为一般海水的8.6倍。而"死海"一词在古希伯来文中就是"盐海"的意思。因为死海湖中及湖岸盐分含量高，所以鱼和其他水生动植物都不能在这里生存，水中只有细菌而没有其他生物。因此，人们将这里叫作"生命的禁区"。

死海也是世界上最低的湖泊，湖面低于海平面415米，是世界陆地最低点。死海最深处达395米。

死海只有进水口而没有出水口，湖水的唯一外流方式就是蒸发。死海位于沙漠地区，气候十分干燥，巨大的蒸发量是其含盐度高的原因。由于含盐度高，死海的浮力很大，人掉在里面会自动浮在水面上。

海拔最高的大型 淡水湖

freshwater lake

"高原明珠"的的喀喀湖位于安第斯山脉，秘鲁和玻利维亚交界处，湖面海拔3812米，面积约8330平方千米，是南美洲海拔最高的淡水湖，也是世界上海拔最高且可通航大船的湖泊。

没人知道的的喀喀湖名称的确切含义，人们一般翻译成"美洲豹的山崖"或"酋长的山崖"。

的的喀喀湖平均水深约100米，最深处达304米。湖中有36个小岛，东南部有一伸入湖面的半岛，将湖水分为两部分。25条河流流入的的喀喀湖，但湖水仅从湖的南侧唯一的出口流出，其余水分主要由蒸发作用消耗，也因此成了一个低盐度的淡水湖。

的的喀喀湖中盛产鳟鱼，但由于人们的过度捕捞，现在秘鲁和玻利维亚政府都已经制定法令禁止滥捕鳟鱼。湖边盛产高大的托尔托拉芦苇，当地的印第安人能用芦苇制成一种芦苇船。湖面上的乌罗族人还会用芦苇编织一种浮岛，他们在浮岛上生活、捕鱼，甚至在上面种植蔬菜。

有一则传说，水神的女儿伊卡卡爱上青年水手蒂托，水神发现后怒将蒂托淹死。蒂托死后化为山丘，伊卡卡变成浩瀚的泪湖。印第安人将他们的名字合在一起，称为"的的喀喀"湖。

最大的湖 *large*

里海名叫海，实际上却是湖泊。它是世界最大的湖，同时也是最大的咸水湖。里海位于亚欧大陆的腹部，同时也是亚洲与欧洲分界线的一部分。里海被俄罗斯、哈萨克斯坦、土库曼斯坦、伊朗和阿塞拜疆的国土所环绕。整个里海呈狭长状，南北长约1200千米，东西平均宽度320千米，总面积约为37万平方千米，超过德国陆地国土面积。在里海全长7000千米的湖岸线上，共有130多条河流注入。其中就包括著名的伏尔加河、乌拉尔河，仅伏尔加河就占里海总径流量的85%。

里海与它附近的咸海、亚速海、黑海、地中海等，原来都是古地中海的一部分。经过沧海桑田的海陆演变，古地中海逐渐缩小，而上述各海的轮廓、面积和深度也在不断改变。所以今天的里海是古地中海残存的一部分，地理学家称里海这样的湖泊为"海迹湖"。

里海湖底各个部分的深度不同，总体来说是北浅南深。北部最浅的部分平均深度只有4～8米，而里海中部的平均水深为170～790米，南部的最大深度居然达到1025米。里海上分布着50个岛屿，不过面积都不是很大，最大的岛屿是位于里海西北部的车臣岛。

宁静的里海岸边

最长的河 *river*

世界上最长的河流是非洲的尼罗河，全长6671千米，被誉为"非洲河流之父"。它发源于东非高原，流经布隆迪、卢旺达、乌干达、南苏丹、苏丹和埃及等国家，最后流入地中海。尼罗河由白尼罗河、青尼罗河汇合而成。白尼罗河与青尼罗河在苏丹首都喀土穆附近相汇，形成尼罗河。尼罗河从这里向北穿过苏丹和埃及，所经过的地方均是沙漠。除海港和海岸附近的城市外，埃及所有的城市和大多数居民都在尼罗河畔，几乎所有的古埃及遗址也都位于尼罗河畔。尼罗河在其入海口附近形成了一个巨大的三角洲，然后注入地中海。

尼罗河中下游在每年的6~10月间定期泛滥。8月河水上涨最高时，人们纷纷迁往高处。10月以后洪水消退，留下了尼罗河畔肥沃的土壤，人们又纷纷迁回家园，栽培棉花、小麦、水稻等农作物，在干旱的沙漠地区形成了一条"绿色走廊"。因此，埃及人称尼罗河是他们的"生命之母"。

> 尼罗河在埃及首都开罗分成了两支，呈扇形向地中海展开，形成著名的尼罗河三角洲。这里地势低平，土地肥沃，阳光充足，是古埃及文明的摇篮。

流域最广的河 *catchment basin*

位于南美洲的亚马孙河是世界上流域面积最广、流量最大的河流。亚马孙河全长约6480千米，仅次于尼罗河，是世界第二长河。它的流域面积约700万平方千米，占南美大陆面积的近40%，远远超过世界上的其他大河。河口年平均流量达每秒21万立方米，比尼罗河、长江、密西西比河的总和还大，它的支流数超过1.5万条。

> 亚马孙河由西向东横贯南美洲，自高山流下，水量逐渐增大，在安第斯山脉冲刷出气势磅礴的峡谷。到了广阔的亚马孙平原时，亚马孙河水变得十分平静，蜿蜒穿行过亚马孙热带雨林。

亚马孙河的源头是安第斯山脉中的一条小溪,人们直到2001年才正式确定这一点。安第斯山以东有世界上最大的雨林——亚马孙热带雨林。这里聚集了数以百万计的昆虫、上万种植物和大约几千种鸟类和哺乳动物。

亚马孙河河口的入海处最宽达240千米,其中最后一条支流帕拉河的河口有60千米宽。在河口处,有一个名叫马拉若的岛,其面积接近瑞士领土的大小。

sand content 含沙量最多的河流

黄河是中国的第二长河,也是中华民族的母亲河。黄河从源头到入海口全长5464千米,流经青海、四川、甘肃、宁夏、内蒙古、陕西、山西、河南和山东9省区。在中国地图上看起来,它就像一个巨大的"几"字。它从青藏高原一路向东,在山东东营市垦利区境内注入渤海。

黄河一共有40条主要支流,其中,湟水、洮河、汾河、渭河等较为出名。黄河的支流大多位于上游和中游,因为下游附近没有较大的湖泊,加之黄河的河床越来越高,因此支流很少。黄河在下游的流域面积也很小。

因为黄河中游河段流经黄土高原地区,严重的水土流失使得黄河的支流携带大量泥沙,这些泥沙被带入黄河干流,使得黄河成为世界上含沙量最多的河流。黄河三门峡水文站经过多年的长期测量,统计出的年平均输沙量约为16亿吨,最高含沙量达746千克/立方米。由于泥沙淤积,黄河在下游的大部分河段里,河床都高于流域内的城市和农田,人们只能靠大堤来约束河水,黄河下游部分是著名的"地上悬河"。

黄河滋养了中原人民,哺育了中华民族。但是历史上,它灾害频发,给流域居民带来了很大的灾难。直到今天,黄河流域的水土流失问题依然很严重。不过,人们已经意识到保护黄河的重要性,也采取了一系列措施。

黄河因河水混浊而得名,壶口瀑布是黄河的一道奇观,"水里冒烟"是著名奇景。

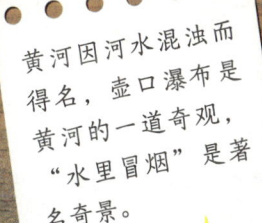

最宽的跨国**瀑布**
waterfall

伊瓜苏瀑布位于巴西和阿根廷的交界处,是伊瓜苏河从巴西高原悬崖上落入巴拉那峡谷而形成的瀑布。在当地人的语言中,"伊瓜苏"是"大水"的意思。伊瓜苏瀑布与非洲的维多利亚(莫西奥图尼亚)瀑布、北美洲的尼亚加拉瀑布并称世界三大跨国瀑布。

其实,伊瓜苏瀑布是一组瀑布群,由275股大小瀑布或急流组成,总宽度达4000米,是世界上最宽的跨国瀑布,比尼亚加拉瀑布宽4倍。雨季时,大小飞瀑汇合成一个马蹄形的大瀑布,十分壮观。

伊瓜苏瀑布所在的阿根廷伊瓜苏国家公园和巴西伊瓜苏国家公园先后在1984年和1986年被列为联合国世界遗产,成为著名的旅游胜地。

每到汛期,伊瓜苏瀑布的水量就会大增,急流跃落的巨大声响回荡在葱翠的雨林中,响声隆隆,水雾弥漫,蔚为壮观。

落差最大的瀑布 drop

安赫尔瀑布也被称为"天使瀑布"。

南美洲是一个瀑布较多的大洲,这里有世界上落差最大的瀑布,它就是位于委内瑞拉境内的安赫尔瀑布。这个瀑布分为上下两级,总落差有979米。而最长的一级瀑布落差竟有807米。安赫尔瀑布周围的热带雨林非常茂密,人们不可能步行抵达瀑布的底部观赏。雨季时,河流因多雨而变深,人们可以乘船进入。在一年的其他时间里,则只能从空中观赏。

1935年安赫尔瀑布在被探险家发现之前,只有当地的印第安人才知道它的存在,并称它为丘伦梅鲁瀑布。后来,人们为了纪念到过此瀑布的美国探险家安赫尔,就称其为"安赫尔瀑布"。

伯利兹蓝洞被誉为世界十大地质奇迹之一,它是一个完美的圆形海洋深洞,像大海的瞳孔,深邃而神秘。伯利兹蓝洞是潜水胜地,每年都有许多勇敢的潜水爱好者到此潜水。

最大的海底洞穴 cave

不仅是陆地上有各种各样的洞穴,神秘的海底也有洞穴。世界上最大的海底洞穴——伯利兹蓝洞就位于中美洲加勒比海西岸的伯利兹外海,邻近灯塔礁,是一个水下陷洞。蓝洞外观呈圆形,直径约为304米,深约122米。洞中都是奇形怪状的钟乳石和石笋,有的像香蕉,有的像水壶,可谓千姿百态,组成了一个神秘的迷宫。因为蓝洞的全部洞穴都淹没在水下,直通大海。所以人们又叫它"无底洞"。

蓝洞形成于海平面较低的冰河时期,后来因为海水上升,洞顶随之塌陷,于是变成水下洞穴。现在的蓝洞已经成了一个闻名遐迩的潜水胜地。

desertization 沙漠化最严重的大陆

按照面积大小来排名，非洲在七大洲中名列第二位，仅次于亚洲。非洲的南北最大跨度达8100千米，东西最大宽度达7500千米，面积为3020余万平方千米，略超世界陆地总面积的1/5。非洲和亚洲以苏伊士运河为界，与欧洲隔地中海而相望。非洲的全称是"阿非利加洲"，意思是阳光灼热的地方。这是因为非洲大部分处在南北回归线之间的热带。

非洲是世界上沙漠化最为严重的大洲。引起沙漠化的原因既包括气候变化和土壤流失等自然因素，也包括人类活动的因素。人类活动主要体现在过度集中的农牧、砍伐森林及战争时期的难民潮等。目前非洲大陆约有2/3的土地都已经变为沙漠和干地了。沙漠面积约占全洲面积的1/3，其中就包括著名的撒哈拉沙漠。

除沙漠外，非洲大陆还有郁郁葱葱的热带雨林及一望无际的大草原，不但造就了动植物的乐园，也孕育了高度发达的人类文明。尼罗河流域是世界古代文明的摇篮之一，埃及是世界四大文明古国之一。古埃及在建筑、雕刻和绘画等方面都取得了令人瞩目的成就。

珠穆朗玛峰

古埃及人修建的大金字塔至今仍巍然屹立在尼罗河畔。

earth surface 地表最大的垂直距离

地球表面海拔最高的地方要属喜马拉雅山的主峰——珠穆朗玛峰了。珠穆朗玛峰位于中国和尼泊尔的边境,其海拔为8848.86米。随着板块运动的进行,这一高度还在不断增加。在藏语里,"珠穆朗玛"就是大地之母的意思。珠峰的峰顶由于海拔太高而空气稀薄、气温很低,积雪终年不化,冰川随处可见。尽管环境恶劣,仍有很多人向珠峰发起了一次次"冲锋"。自1953年新西兰登山家埃德蒙与一位尼泊尔向导登上峰顶之后,这里先后被许多优秀的登山者所征服。

而地球表面海拔最低的地点也在亚洲。死海湖面低于海平面415米,为世界陆地最低点。原来死海地处约旦和巴勒斯坦之间大裂谷的中段,这条南北走向的大裂谷实际上是著名的东非大裂谷向北方的一个延伸。这样一来,亚洲表面的最高点和最低点之间就相差了9263.86米,这是其他任何一个大洲也比不了的。

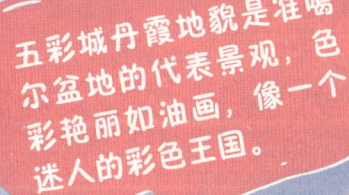

五彩城丹霞地貌是准噶尔盆地的代表景观,色彩艳丽如油画,像一个迷人的彩色王国。

距离海洋最远的陆地 *land*

地球的表面由陆地和海洋组成,其中海洋面积有3.61亿平方千米,陆地的面积有1.49亿平方千米。那你知道世界上距离海洋最远的陆地在哪里吗?你可能会说,亚欧大陆是面积最大的一块大陆,这个点一定位于亚欧大陆上。的确,这个地方位于我国西北内陆新疆维吾尔自治区的准噶尔盆地。这里距离海洋到底有多远呢?距离准噶尔盆地最近的海向北是北冰洋的拜达拉塔湾,向南是印度洋费尼附近的孟加拉湾,向东是渤海,陆地距离海洋的大致距离是2648千米。

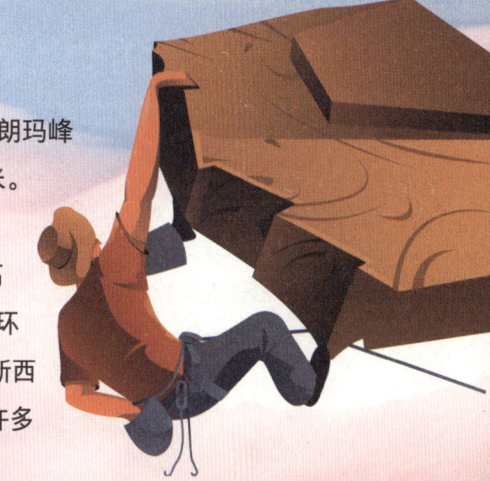

area 面积最大的大洲

亚洲是世界七大洲中面积最大的洲,西部与欧洲相连,形成地球上最大的大陆——亚欧大陆。亚欧分界线为乌拉尔山脉、乌拉尔河、里海、大高加索山脉、黑海、地中海和土耳其海峡,亚洲与非洲的分界线为苏伊士运河,另外亚洲还隔白令海峡与北美洲相望。亚洲东面是太平洋,北面是北冰洋,南临印度洋,西与欧洲接壤。

亚洲面积约为4400万平方千米,占全球陆地总面积的29.5%。亚洲东西跨度很大,东西时差达11个小时;南北跨寒、温、热三个气候带,共92个纬度。亚洲是人口最多的洲,亚洲人口总数约占世界总人口的59%(2017)。亚洲也是人类文明的发源地,四大文明古国中有三个位于亚洲——黄河、长江流域的中华文明,印度河、恒河流域的古印度文明和两河流域的古巴比伦文明。

中国是亚洲面积最大的国家。

islands 最大的群岛

马来群岛主要由印度尼西亚1.7万多个岛屿和菲律宾约7100个岛屿组成,是世界上最大的群岛。马来群岛沿赤道延伸6100千米,由南至北最大宽度3520千米。群岛位于太平洋和印度洋之间,分为三个部分。除菲律宾北部以外,各岛屿都在赤道南北10个纬度以内,平均气温21℃,大部分地区平均降雨量超过2000毫米。

印度尼西亚岛屿众多,有"万岛之国"之称。

island 最大的岛屿

世界最大岛屿格陵兰岛的面积为216.6万平方千米，比世界第二大岛新几内亚岛、第三大岛加里曼丹岛、第四大岛马达加斯加岛的总和还要大一些。它的面积实在太大了，人们干脆把它叫作格陵兰次大陆。

"格陵兰"的意思是"绿色土地"，但实际上格陵兰全岛约有4/5的地区处于北极圈内，约85%的部分都由冰雪覆盖，是除南极洲以外大陆冰川面积最大的地区。假如这些冰全部融化的话，将会导致全球海平面上升数米。

被冰雪覆盖的格陵兰岛

volcano 最大的火山岛

地球上的岛屿按照成因分为三大类：大陆岛、火山岛和珊瑚岛。一般来说，大陆岛的面积较大，面积最大的三个岛屿格陵兰岛、新几内亚岛和加里曼丹岛都是大陆岛，而火山喷发形成的岛屿也不一定小。冰岛是欧洲最西部的国家，面积达10.3万平方千米，是欧洲第二大岛。整个冰岛就是由其下方的大西洋中央海岭火山爆发而形成的。直到今天，这里的火山运动都没有停止过。

冰岛活火山多达30座。华纳达尔斯火山为冰岛最高峰，海拔为2119米。冰岛纬度高，北边紧贴北极圈，所以温度较低，全国超过11.5%的面积被冰川覆盖。因此，冰岛被人们称为"冰与火的国度"。

冰岛境内形如草帽的死火山——草帽山

冰岛是一个碗状高地，四周为海岸山脉，中间是高原。现代冰川总面积达11920平方千米。

最大的单体岩石 rock

世界上最大的单体岩石是位于澳大利亚中部乌卢鲁·卡塔·楚塔国家公园内的艾尔斯巨岩，它高335米，长约3.6千米，宽约2千米，基围约9千米。艾尔斯巨岩看起来像一座山，但它实际上是一块完整的岩石。

艾尔斯巨岩的东面高且宽，西面低而窄，屹立在澳大利亚的几何中心上。由于风化作用，艾尔斯巨岩的石基上形成了许多岩洞，洞内有岩画，有些岩画大约有一万年的时间了。

艾尔斯巨岩的成分是砾石，含铁量很高，因为氧化，它的表面呈红色，所以又被称为红石。1873年，一位来自南澳的地质测量员发现了这块巨石，所以，人们就用当时南澳大利亚总理艾尔斯的名字来命名这块巨石。澳大利亚土著居民将它视为圣石，并把这里作为举行宗教活动的场所。

在广阔的平原上，这块高大的巨石被人们称为"地球的肚脐"。

最大的沙漠 *desert*

位于非洲北部的撒哈拉沙漠面积超过900万平方千米，是世界上最大的沙漠。它西起大西洋沿岸，东到红海，北临阿特拉斯山脉和地中海，南抵苏丹和尼日尔河河谷。

撒哈拉沙漠由西撒哈拉、中部高原山地及东部特内雷沙漠和利比亚沙漠组成，其中，东部是最荒凉的区域。撒哈拉沙漠中有许多高大的固定沙丘和流动沙丘。固定沙丘主要分布在靠近草原的地区和大西洋沿岸地带；流动沙丘则会随着风向不断移动，有的沙丘一年就能移动9米。

这里生活着种类繁多的动物，有跳鼠、沙狐等，蛙、蟾蜍和鳄生活在沙漠的湖池里，蜥蜴、眼镜蛇等出没于岩石和沙坑中。

位于撒哈拉沙漠中北部的阿哈加尔山脉其实是一座花岗岩高原。

撒哈拉沙漠气候干燥，绝对最高气温可达50℃以上，地表温度高达70℃。

最大的"冰库"
icehouse

南极洲位于地球的最南端,是一块多冰川及冰山的大陆,常年都被厚厚的冰雪覆盖着。连同附近的岛屿及陆缘冰在内,南极洲的总面积为1405.1万平方千米,不过,其中98%以上的面积都被永久性的冰川所覆盖。南极洲的冰层平均厚度为2000多米,最厚的地方超过4000米,这和青藏高原的平均海拔差不多。所以说,南极洲的冰量非常丰富,达2500多万立方千米,占世界总冰量的90%,人们也形象地将南极洲称为"地球上最大的冰库"。南极洲的淡水含量占世界总淡水量的近80%,由于没有污染,这里成为人类最清洁的淡水后备水源。

南极洲能成为世界上最大的冰库,主要由于它处在高纬度地区,气温非常低。虽然南极圈内有半年是白昼,可太阳只是在地平线上盘旋,地表所获得的热量很少,而另外半年则处于漫长而寒冷的黑夜,没有阳光照射,气温更加低,极端最低温度曾达到–89.2℃。在这样的严寒下,仅有一些简单的植物和一两种昆虫生活在这里。不过,海洋里却很热闹,海星、海豹、企鹅、鲸、海藻以及珊瑚等生物都在这里安了家。

南极冰层平均厚1800多米,最厚处超过4000米。

南极洲几乎全部被冰雪覆盖,总面积超过加拿大与印度的面积总和。如果南极洲的冰层全部融化,那么地球的海平面会升高60多米,很多陆地都会被淹没。

最深的海沟 *trench*

马里亚纳海沟是世界上最深的海沟,位于太平洋西部、马里亚纳群岛附近的太平洋洋底。整个海沟呈弧形,全长2550千米,最宽约70千米,最大水深为11034米,是地球海洋最深点。如果把世界最高峰珠穆朗玛峰放在这里,峰顶距离海平面还有约2100多米,可以再放下一座华山。海沟底部是一个高压、漆黑而冰冷的世界。

马里亚纳海沟已经有6000多万年的历史了,它由太平洋板块与亚欧板块相互碰撞,密度大、位置低的太平洋板块俯冲到亚欧板块之下而形成。这些板块交界地带地质活动强烈,火山地震频发。

海洋面积占到地球面积的70.8%,这片浩瀚而幽深的蓝色世界有太多奥秘等待人们去探寻。

最长的裂谷 *rift valley*

如果站在外太空看地球,你会看到一条长长的"伤疤",这就是地球最大的裂谷——东非大裂谷。实际上这条裂谷已远远超出了东非,直达死海附近,全长约6400千米,接近地球赤道周长的1/6。东非大裂谷由于地壳断裂作用而形成。直到现在,大裂谷仍在扩张之中。科学家们预测,随着大裂谷不停地扩张,东非最终会从非洲大陆分离出去。

从北面的约旦到南面的莫桑比克,东非大裂谷穿越了十几个国家。

最长的山脉 *mountain*

山脉就是一系列群山好像脉络似的朝着一定方向延伸。世界上最长的山脉要数南美洲的安第斯山脉，它全长约8900千米，是喜马拉雅山脉的3.6倍。安第斯山脉中有50多座山峰的高度都超过6000米，其中阿空加瓜山海拔6960米，为西半球最高峰。

安第斯山脉纵贯南美大陆西部，大体上与太平洋海岸平行，穿越委内瑞拉、哥伦比亚、厄瓜多尔、秘鲁、玻利维亚、智利、阿根廷等国。安第斯山脉地区火山、地震灾害较多，海拔6800米的图蓬加托火山是世界上最高的活火山。安第斯山脉还是南美洲许多重要河流的发源地，气候和植被类型复杂多样，有丰富的森林资源以及铜、锡、银等重要矿藏。

> 全球陆地平均海拔不到1000米，青藏高原却超过4000米，是当之无愧的"世界屋脊"，珠穆朗玛峰更是世界之巅。

最高的高原 *plateau*

青藏高原是世界上最高的高原，平均海拔在4000米以上，人们形象地称其为"世界屋脊"。青藏高原由祁连山、昆仑山、唐古拉山、冈底斯山和喜马拉雅山这一系列高大的山脉组成，总面积250万平方千米。青藏高原上湖泊众多，长江、黄河、澜沧江、怒江、雅鲁藏布江等都发源于此。

青藏高原是世界上最年轻的高原。现在的青藏高原曾是波涛汹涌的海洋，2亿多年前，印度洋板块向北移动并挤压亚欧板块，使地壳隆起、抬升，从而形成了青藏高原。这真是"沧海变桑田"。

雅鲁藏布大峡谷地区是一片充满神秘色彩的地带,地理构造十分独特,被科学家称作"打开地球历史的锁孔"。

最深的峡谷 *canyon*

在西藏自治区雅鲁藏布江的下游,江水绕着南迦巴瓦峰做了一个巨大的马蹄形转弯,形成了一个巨大的峡谷,这就是举世闻名的雅鲁藏布大峡谷。它全长504.6千米,最深处达6009米,是世界上最深和最长的大峡谷。

雅鲁藏布大峡谷具有高山冰雪带、低河谷热带季雨林等9个垂直自然带,且生物资源十分丰富。这里蕴藏着西藏60%~70%的生物资源。其中昆虫2000余种,约占西藏总数的60%以上;大型真菌有400余种,占西藏总数的80%;锈菌200余种,占中国锈菌总种数的25%。

雅鲁藏布大峡谷地区由冰川、绝壁、陡坡和巨浪滔天的大河交错在一起,地形十分复杂,许多地区人们至今无法抵达,所以这个大峡谷又被称为"地球上最后的秘境"。

最低的 盆地 *basin*

吐鲁番盆地是中国天山东部南坡的一个山间盆地，大部分地面都在海拔500米以下，有些地方甚至比海平面还要低，是世界上最低的盆地。"吐鲁番"这个词在维吾尔语中的意思就是"低地"。

吐鲁番盆地四周被高山环绕，中部地势低洼。位于盆底的艾丁湖低于海平面154.31米，是中国大陆最低点。

吐鲁番盆地的地下水资源非常丰富，主要为天山上的冰雪融水。冰雪融水在通过粗沙砾层向盆地内渗透的过程中，被火焰山所截，于是在山间沟谷中以泉水的形式涌出地面，并汇成河流。由于光热资源丰富，河流两岸盛产各种瓜果，包括著名的无核白葡萄、哈密瓜等。这里还有大量的文明古迹，如高昌故城、交河故城等，还有火焰山、艾丁湖等自然风光。

在夏季，吐鲁番盆地有过49.6℃高温的纪录，中午时，沙面温度最高可达到82.3℃，所以这里又被称为"火洲"。

盛夏时的火焰山呈现出一种独特的赤褐色，砂岩灼灼闪光，炽热的气流翻滚上升，就像熊熊烈焰，火舌燎天。

世界上唯一的生土建筑城市——交河故城

最大的珊瑚礁

coral reef

　　大堡礁位于南半球，它纵贯澳大利亚的东北沿海，北起托雷斯海峡，南到南回归线以南，绵延2000余千米，最宽处达240千米，是世界上最长最大的珊瑚礁群。大堡礁是一处非常奇特的自然景观，包括近千个岛礁和浅滩。许多岛礁上都有茂密的棕榈树和椰子树。

　　涨潮时，大部分珊瑚礁被水淹没，只剩下几百个若隐若现的岛礁；退潮时，大堡礁的礁体露出水面，人们可以一睹它的芳容。在礁群和海岸之间有一条海路，人们可以很方便地乘着游船徜徉在海上，欣赏着水下多姿多彩的珊瑚礁。从空中俯瞰，大堡礁就像镶嵌在水中的一颗颗绿宝石。1981年，大堡礁被列入《世界遗产名录》。

> 近千个岛礁和浅滩星罗棋布，最壮观的是一个心形堡礁，大自然的鬼斧神工真让人叹服！

> 大堡礁是世界最大的珊瑚礁群，这里生活着许多海洋生物。

著名的火山

维苏威火山

维苏威火山坐落于意大利南部那不勒斯湾东岸，距那不勒斯市东南约11千米，火山锥高约1280米。维苏威火山在公元79年有过一次猛烈的喷发，摧毁了当时拥有2万多人的庞贝城。

极地里的火山

极地也会有火山吗？在人迹罕至的南极洲，埃里伯斯火山就像一座灯塔和路标，引领着人们来到这里。在阳光的照耀下，它被玫瑰红与松石绿的光晕所笼罩，喷出的蒸汽可以一直飘过冰封的罗斯岛上空。

恩戈罗恩戈罗火山口

恩戈罗恩戈罗火山口位于坦桑尼亚北部东非大裂谷内，是一个死火山口。它的形状像一个大盆，"盆底"直径约16千米，"盆壁"陡峭，底部面积有260平方千米。它的外形与月球火山口相似，是世界第二大火山口。

埃特纳火山

埃特纳火山位于地中海中部意大利的西西里岛上，海拔3323米，是欧洲最高的活火山。史籍记载，埃特纳火山首次喷发是在公元前475年，它是地球上喷发纪录最多的活火山，20世纪以来就已喷发了十余次。

三色湖

三色湖位于印度尼西亚弗洛勒斯岛上的克利穆图火山。三个湖属同一个湖群，却分为三种色彩。三色湖的成因目前说法有三种。一说是因为水深各异，故色彩不同；二说是因为湖边岩石矿物质不同，造成湖色不同；三说是湖底水生植物不同，影响了湖的颜色。

火山口湖

"火山口湖"位于美国俄勒冈州西南部，它是由一次强烈的火山喷发所形成的一个火山口，因雨水的灌注形成了如今的火山口湖。

富士山

日本的富士山是一座休眠火山，据说是因地震而形成的。山顶上有大小两个火山口，由于火山口喷发，富士山在山麓处形成了无数山洞，有的山洞至今仍有喷气现象。最美的富岳风穴内的洞壁上结满钟乳石似的冰柱，终年不化。

不同国家有着不同的风情，它们的国土面积、历史渊源及文化背景都各不相同：地势最低的国家、海拔最高的国家、岛屿最多的国家、山峰最多的国家……椰子产量最高的国家、最早种咖啡的国家、对足球最狂热的国家……这些国家都向我们展示了独特的地貌、丰富的物产及奇特的风土人情。

第三章

形形色色的国家——国家之最
Xingxingsese De Guojia——Guojia Zhi Zui

territory area
🌐 领土面积最大的国家

俄罗斯建筑也很有特色，除了克里姆林宫，圣瓦西里大教堂在世界上也非常有名。

俄罗斯地处亚欧大陆的北部，领土横跨亚欧两大洲，面积达1709.82万平方千米，是世界上领土面积最大的国家。俄罗斯东起白令海峡，南面与中国、朝鲜、哈萨克斯坦、格鲁吉亚等国家接壤，西接芬兰、爱沙尼亚、白俄罗斯、乌克兰等，北面到达北冰洋。

通常，俄罗斯的领土可分为几个部分：乌拉尔山以西被称为东欧平原，也叫俄罗斯平原；乌拉尔山以东是属于亚洲的西西伯利亚平原、中西伯利亚高原和东西伯利亚山地。虽然俄罗斯大部分领土都在亚洲，可它却被划归为欧洲国家（首都莫斯科在东欧）。俄罗斯欧洲部分人口占全国总人口的3/4，历史上也一直是全国政治、经济、文化活动集中的地区。

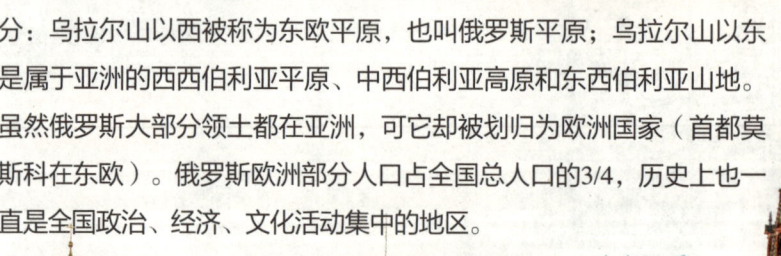

克里姆林宫

🌐 领土最*狭长*的国家
long and narrow

智利位于南美洲西南部、安第斯山脉的西麓。它东邻阿根廷，北接秘鲁、玻利维亚，西面临太平洋，南面与南极洲相望。智利海岸线总长约1万千米，南北长4352千米，东西宽仅90~400千米，东西距离与南北距离相差很大，是世界上地形最狭长的国家。

首都圣地亚哥地处海岸山脉和安第斯山脉之间的河谷平原，这里气候宜人，夏季干燥温和，冬季凉爽多雨雾。城边是碧波荡漾的马波乔河，河水缓缓流过，给圣地亚哥城增添了几分静谧；城东是终年被积雪覆盖的安第斯山，远远望去，一片银白，使圣地亚哥城看上去更加梦幻。

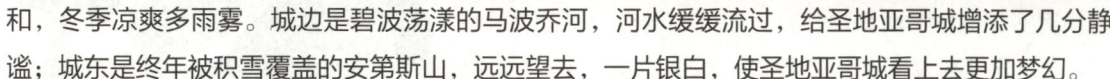

🌐 领土面积最小的国家
country

世界上最小的国家是梵蒂冈，它的面积小得令人吃惊，国土面积只有0.44平方千米，相当于北京天安门广场那么大。领土包括圣彼得广场、圣彼得大教堂、梵蒂冈宫、教皇避暑胜地和梵蒂冈博物馆等，常住人口只有618人（2020年9月）。

美丽的梵蒂冈既是一个国家也是一座城市，位于意大利罗马城西北角的高地上，被称为"国中之国"。别看梵蒂冈面积小，它却是全世界天主教的中心。

宏伟的圣彼得大教堂

梵蒂冈博物馆

altitude
🌍 海拔最高的国家

非洲的南部有一个山川秀丽、风物独特的小国，名字叫作莱索托。莱索托是世界上海拔最高的国家，全国所有的土地都在海拔1000米以上，所以人们又称它为"空中王国"。

莱索托风景秀丽，境内多高山奇峰，放眼望去，只见一片片绿茵茵的草地映衬着一座座锯齿形的山峰。这里美丽的景致也为莱索托赢得了"非洲瑞士"的美称。

其实莱索托的面积只有30344平方千米，人口仅214万（2021），而且整个国土都坐落在南非境内，是一个类似于梵蒂冈的"国中之国"。国内绝大多数人口属班图语系的巴苏陀族和祖鲁族，约90%的居民信奉基督教新教和天主教。

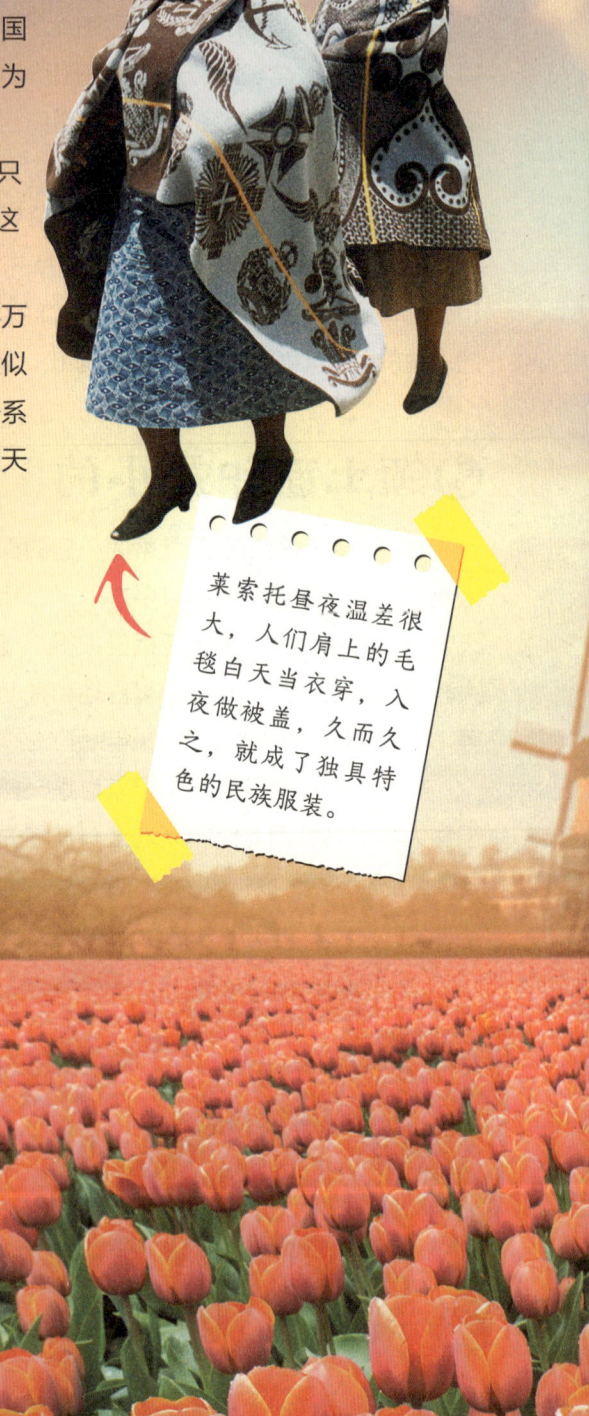

莱索托昼夜温差很大，人们肩上的毛毯白天当衣穿，入夜做被盖，久而久之，就成了独具特色的民族服装。

巴苏陀人是生活在莱索托西部地区的主要部族，他们在高地上用当地石头垒砌而成的圆形小屋非常有特色。

第三章 形形色色的国家——国家之最 45

terrain 地势最低的国家

"荷兰"这个词在英文和德文里的意思都是"低洼之地",可见这个国家地势之低。荷兰全境有24%的陆地在海平面之下,于是成了世界上地势最低的国家。由于地势低,历史上荷兰水患不断。虽然荷兰的领土面积不大,但它的疆域却一直在不断扩大。不过,荷兰领土的扩大不是靠侵略实现的,而是靠填海填出来的。

荷兰现在拥有人口1759万(2022年1月)。首都阿姆斯特丹是全国的经济和文化中心,这里的地势低于海平面1~5米,人口为87.3万(2021)。但荷兰的政治中心却不在这里,而是设在位于西部沿海的海牙,那里有议会、首相府、政府机关、各国使馆及国际法院等机构。

- 扇叶
- 风轴
- 扇轴

荷兰被称为风车之国。15世纪初,荷兰人就开始利用风车排水,最多时曾拥有1万多架风车,今天的荷兰仍保留着近千架各式各样的风车。

最小的岛国 *island country*

在太平洋密克罗尼西亚岛群中,有一个面积仅21.1平方千米的小珊瑚岛,名字叫作瑙鲁,它是世界上最小的岛国。瑙鲁全岛近似椭圆形,像个大鸡蛋一样,岛的四周被大片的珊瑚礁环绕着。

瑙鲁岛的海岸地带是一片银白色的沙滩,由此向内,地面逐渐升高。有趣的是,在这样一个小岛上,仅有一个不足300米宽的适宜农作物生长的环岛地带。此外,小岛上还有一座12~60米高的珊瑚峭壁。科学家们根据峭壁上的横纹,推测瑙鲁岛至少已经形成上千万年了。峭壁上是占全岛面积85%以上的台地,岛上的最高点海拔61米,西南部有一个小小的布阿达湖。

瑙鲁的气候终年炎热,虽然这里雨水很多,但由于珊瑚岛地面渗透性很强,所以岛上仍会出现缺水的情况。

瑙鲁有"磷酸盐之国"之称,向澳大利亚、新西兰出口磷酸盐曾是瑙鲁的主要收入来源。

岛屿最多的国家 *island*

位于亚洲东南部的印度尼西亚是世界上岛屿最多的国家。这些大大小小的岛屿散落在赤道的两旁,像一颗颗珍珠镶嵌在万顷碧波中,使印度尼西亚成为名副其实的"千岛之国"。其实,印度尼西亚的岛屿又何止1000个。据统计,印度尼西亚境内仅是有人居住的岛屿就有6000多个,再加上那些没有人居住的岛屿,总共有17508个。

优越的自然条件使印度尼西亚成了一个美丽富饶的国家,盛产天然橡胶、椰子、油棕、茶叶和咖啡等。这里常年高温多雨,又被称为"长夏之国"。

由于地处板块交界地带,印度尼西亚火山也特别多,还经常爆发地震和海啸。

高峰最多的国家 peak

中国的邻居之一——被称为"南亚山国"的尼泊尔是个小国家，它的国土面积约14.7万平方千米。尼泊尔国家虽小，名气却不小，因为有许多海拔非常高的山峰林立在这里，所以尼泊尔又被称为"高山王国"。山地约占国土面积的80%以上，海拔超过6000米以上的山峰250多座，全球14座8000米以上的高峰有5座在尼泊尔边境线上，3座完全在尼泊尔境内。其中海拔8848.86米的珠穆朗玛峰位于中国与尼泊尔交界的喜马拉雅山脉。这些高耸的山峰，像一道长长的屏障，庇护着尼泊尔这个小小的"婴儿"。高峰的顶部终年覆盖着厚厚的积雪，像戴着一顶顶雪白的帽子。

虽说"高处不胜寒"，可尼泊尔却从来不感到寂寞，每年都有众多的登山爱好者来到这里，留下自己的足迹。

尼泊尔地势北高南低，相对高度差之大在世界各国中也是非常罕见的。它的东、西、北三面被群山环绕，境内河流多且流速湍急，大都发源于中国的西藏，向南注入印度的恒河。

博达大佛塔

尼泊尔首都加德满都以东的博达大佛塔是世界上最大的圆佛塔。

终年积雪的峰顶在阳光的照耀下反射出耀眼的光芒，给尼泊尔添上了一抹神秘色彩。

cocoa
可可产量最多的国家

西非国家科特迪瓦是世界第一大可可生产国和出口国，占全球供给量的45%，可可和咖啡的种植面积占全国可耕地面积的75%。科特迪瓦的农业在国民经济中占有很重要的地位，而在所有农产品中，可可又是最主要的支柱。

从某种意义上讲，科特迪瓦是靠种植可可和咖啡而兴旺发达起来的。

为了促进可可的生产，科特迪瓦政府采取了一系列措施，其中之一就是成立了"价格稳定金库"，即每年以较稳定的价格从农民那里收购可可，从而使种植可可的农民获得相对稳定的收入，生活也有了保障。

菱形线突出是可可果实的特征之一。

可可种子

可可种子含有可可油，它在常温下为固体，但一超过37℃就开始熔化。

coffee
最早种植咖啡的国家

一提起咖啡的产地，人们马上就会想到巴西，因为它是目前世界上最大的咖啡生产国。可是，你知道吗？最早种植咖啡的国家并不是巴西，而是埃塞俄比亚。

咖啡是用咖啡豆磨制出来的，而咖啡豆又是由咖啡树上的果实加工而来的。早在几千年前埃塞俄比亚人就已经开始种植咖啡了。后来，一些在埃塞俄比亚经商的阿拉伯人见到咖啡后非常感兴趣，觉得这种稀奇的东西一定会给他们带来丰厚的利润，于是就把咖啡带到了阿拉伯半岛。从此，咖啡开始在阿拉伯半岛的土地上扎根。经过长时间的种植，人们又逐渐培育出了优质的"阿拉伯咖啡"。

原产地为埃塞俄比亚的咖啡豆，豆形小而香味醇厚，回味悠远。

最爱喝茶的国家 *tea*

喝茶在中国有几千年的历史了，虽然中国人很爱喝茶，但还比不上英国人。英国的茶叶消耗量，尤其是红茶远超中国。中国人爱喝绿茶，英国人则特别喜欢喝红茶。这可能由于英国不产茶叶，英国人喝的茶叶都需要进口，而经过漫长的海上运输，红茶比绿茶更容易保存，不易变质。

中国的茶叶传到英国以后，受到了广泛欢迎，不仅上流社会的人喜欢喝，就连车夫、干苦力的工人甚至乞丐都喜欢喝。不过现在，英国人习惯于一天三餐两茶，工作或学习一段时间后就会停下来休息一会儿，这段时间就会喝杯茶、吃点儿东西，人们把这段时间叫作茶休。茶休一般为一天两次：上午茶和下午茶。上午茶一般在上午10点半左右，下午茶一般在下午4点到5点之间。

红茶属于全发酵茶，红汤红叶，在国际市场上贸易量大，欧美人喜爱在茶中加入牛奶饮用。

水最昂贵的国家 *water*

科威特是世界上著名的石油王国。在其国境内，有许多高高耸立的塔，这些都是水塔。科威特大部分国土被沙漠覆盖，全国没有河流，也没有湖泊，十分缺水。年降水量只有22～177毫米，加上气候干燥，这点儿"毛毛雨"根本不能解决问题。

科威特人的用水全靠沿海的一些浅井，随着人口逐渐增加，井水越来越供不应求，只能用船到外国去运水。

科威特人想到了用淡化海水的办法来解决缺水问题。运用现代化技术，1975年，科威特的海水淡化能力大大提高，能解决当时全国100万人口的淡水供应问题。但新的问题出现了：海水淡化的成本非常高，加上淡水产出后的分配和销售，费用就更高了。所以，科威特也就成了世界上水最昂贵的国家。

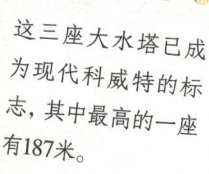

这三座大水塔已成为现代科威特的标志，其中最高的一座有187米。

塞纳河畔,战神广场上,矗立着高耸的埃菲尔铁塔,这是巴黎的地标,也是法国的标志。

接待游客最多的国家

法国是世界第一大旅游接待国。2019年,法国全年接待游客量近9000万人次。截至2021年7月,法国全国有17405家酒店、8239家野外宿营地、3669家各类小旅店、青年之家等。

法国位于欧洲大陆西部,大部分领土都处于平原和丘陵上。美丽的塞纳河从其心脏地带流过,滋润了巴黎盆地广阔的土地,也孕育了伟大的法国历史和文明。这个将浪漫和艺术写进灵魂的国家,总在不经意间散发出迷人的气息,使人无限向往。

法国首都巴黎是世界上最繁华的大都市之一,素有"世界花都"之称。法国是一个以浪漫而闻名的国度,而首都巴黎更是将这份古典与浪漫发挥到了极致。它横跨在塞纳河两岸,默默流淌的河水记录了这座城市的无数往事。巴黎著名的文化古迹数不胜数,埃菲尔铁塔、凯旋门、巴黎圣母院、罗浮宫、圣心大教堂……一个个熟悉的名字已经成为不可磨灭的历史遗存,成为世界各地旅游者魂牵梦萦的地方。

最早拥有现代意义 *museum* 博物馆的国家

建立于17世纪的英国牛津大学阿什莫林博物馆是世界上第一所现代意义的博物馆。阿什莫林博物馆现设古器物部、西方艺术部、东方艺术部、赫伯登钱币室四个部门,展出欧洲、古埃及、美索不达米亚等地的出土文物,也包括中国、印度、日本等国家的绘画、瓷器、工艺品等。

英国是一个十分重视文化的国家,全国约有2500家博物馆和展览馆对外开放。建于1753年的大英博物馆是世界上最大的综合性博物馆,其外观是一座规模宏大的古罗马柱式建筑,非常壮观,这里珍藏着众多世界各地的珍贵文物和图书资料。国家艺廊建于1824年,其规模和内容都可与罗浮宫一较高下,有2000多件展品。此外,英国还拥有战争博物馆、自然历史博物馆等。

大英博物馆以古埃及、古希腊、古罗马和亚洲的文物最为著名。

拥有最古老 *national flag* 国旗的国家

在世界各国的国旗中,丹麦的国旗是现今仍在使用的最古老、历史最悠久的。丹麦的国旗是长方形的,其比例为37∶28,旗面为红色,旗面偏左侧有一个白色的大十字,丹麦国旗被丹麦人称为"丹麦人的力量"。

这面国旗的由来有着一段传奇的故事。1219年,丹麦国王瓦尔德马·维克托里斯率领军队征战爱沙尼亚。在6月15日进行的日隆达尼斯战争中,丹麦军队一时陷入困局。就在士兵们感到疲惫和绝望时,突然一面红色的大白十字旗从天空降落,随之一句"抓住这面旗帜就是胜利"的响亮声音传入士兵们的耳中。瓦尔德马·维克托里斯命士兵抓住了这面旗帜,或许这面旗帜真的给丹麦军队带来了好运,在随后的战争中,丹麦军队逆转局面,取得了战争的胜利。

此后,红色大白十字旗就成为丹麦的国旗。每年的6月15日也成了丹麦人的"国旗日"(也称"瓦尔德马日"),他们每年都要进行庆祝。当然,事实上并没有从天而降的大旗,那面旗其实是瓦尔德马·维克托里斯国王为了鼓舞将士们的士气,自称"秉承上帝的旨意",特意制作了这面大旗。

football
最喜欢足球的国家

世界上有许多国家的人都喜欢足球，巴西因举国上下对足球的喜爱及男女国家队在足球世界大赛中取得的好成绩，被称为"足球之国"。自1930年第一届世界杯举行以来，巴西从来没有缺席过这一盛会，这是世界足坛独一无二的纪录。在人们心目中，没有巴西的世界杯不能被称为真正的世界杯。

巴西的独一无二之处还在于，它夺得了5次世界杯冠军，成为目前世界杯历史上获得冠军次数最多的国家。

巴西队能取得如此好成绩，离不开众多球星及球员的共同努力。巴西队曾出过贝利、加林查、济科、法尔考、罗纳尔多、卡卡等一大批球星，"球王"贝利更是世界足坛最伟大的球员之一。

巴西的里约热内卢被誉为"足球之城"，这里的海滩是天然的足球场。

Arabic numerals
最早创造阿拉伯数字的国家

提起阿拉伯数字的创造，有些人会觉得，阿拉伯数字嘛，当然是阿拉伯人创造的。其实，这是个美丽的误会，阿拉伯数字其实是印度人最早创造的。古代印度人最早创造了包括"0"在内的10个数字符号，还创造了现在通用的定位计数的十进位法。同一个数字符号因其所在位置不同，用来表示不同数值。后来，阿拉伯人学会了这种计数方法，又把它传到其他各国。虽然阿拉伯数字起源于印度，但却是经由阿拉伯人传向四方的，所以人们都称它为阿拉伯数字。

最喜欢 古典音乐 的国家
classical music

奥地利可以说是古典音乐之国，那里的音乐和歌剧恐怕没有人不知道。奥地利有着非常浓厚的古典音乐氛围：世界闻名的音乐厅、歌剧院、著名的音乐家……

奥地利的古典音乐"土壤"也培养出众多有名的音乐家，如近代交响乐之父海顿、音乐神童莫扎特、天才的歌曲大王舒伯特、圆舞曲之王约翰·施特劳斯，还有一位更有名，那就是出生在德国，却长期生活在奥地利、深受奥地利古典音乐熏陶的贝多芬。200多年的时间里，这些音乐家为奥地利留下了丰厚的文化遗产。

奥地利的萨尔茨堡音乐节是世界上历史最悠久、水平最高、规模最大的古典音乐节之一，一年一度的维也纳新年音乐会更是世界上听众最多的音乐会。建于1869年的维也纳国家歌剧院是世界上非常有名的大型歌剧院，而维也纳爱乐乐团更是举世公认的世界上首屈一指的交响乐团。

在奥地利，萨尔茨堡也以音乐著称，它位于奥地利中北部，阿尔卑斯山北麓，是莫扎特的故乡。

金色大厅金碧辉煌，绚丽迷人，是维也纳最古老也是最现代化的音乐厅。

第四章 独一无二的城市——城市之最
Duyīwú'èr De Chéngshì——Chéngshì Zhī Zuì

世界上有无数城市，而每座城市都有自己的历史文化特点。第一个迎接日出的城市是富纳富提，地理位置位于最南边的城市是乌斯怀亚，离赤道最近的城市是基多……这些城市独特的地理位置让人大开眼界。盛产香水的城市格拉斯、横跨亚欧的城市伊斯坦布尔、桥梁最多的城市汉堡……这些拥有异样风土人情的城市一定会让你流连忘返。

最东边的城市 (east)

在广阔无垠的南太平洋海域，有一个由332个岛屿组成的岛国——斐济。在斐济的众多岛屿中，有个名叫塔韦乌尼的小岛，这个岛屿上有一个"著名"的小镇——怀耶沃。怀耶沃既是世界上最东边又是最西边的地方，这是因为它正好坐落在180°经线上。但怀耶沃毕竟是一个比较小的城镇，如果要说世界上最东的城市，那就是斐济的首都苏瓦了。因为苏瓦靠近国际日期变更线，所以产生了很有趣的事情。当你在苏瓦登上飞机，一定要及时地调整时间、变更日期。如果你是向东方飞行的话，那你就得把时间向后拨整整24个小时，否则就会因为弄错时间而带来不必要的麻烦。

> 苏瓦市中心各主要街道上的汽车川流不息，城市正朝着现代化方向发展。

🏙 最 south 南 边的城市

世界上最南的城市非阿根廷的乌斯怀亚莫属。乌斯怀亚地处阿根廷南部火地岛的南端，是火地岛的首府。这里的常住人口较少，大约只有7.12万人（2017）。乌斯怀亚西南面有好多小岛，这些小岛中间有一条狭窄的比格尔海峡，这里也是太平洋和大西洋两大洋的分界线。乌斯怀亚扼守着海峡的咽喉要道，向东可到达马尔维纳斯群岛，向西可以去往大洋洲，向南可以到达南极洲，地理位置极为重要。早在1870年时，就有阿根廷人到这里来定居。1893年，这里正式建设为城市。

乌斯怀亚依山傍水，景色秀丽，郁郁葱葱的山坡和巍峨洁白的山顶交相辉映，各种建筑坐落在碧波荡漾的比格尔海峡和青山白雪中，吸引着世界各地的游客前来参观。

阿根廷城市乌斯怀亚犹如一个棋盘，每两个十字路口之间都相距100个门牌号。

🏙 最 north 北 边的城市

朗伊尔城几乎每天都看得到极光，同时这里也是个骑雪地摩托旅行的好地方。

世界上最北边的城市是挪威的朗伊尔城，它是斯瓦尔巴群岛的首府。朗伊尔城位于北极圈内，北纬78°的地方。这里十分寒冷，每年有四个月的时间看不到太阳，冰雪覆盖在大地上，黑暗伴随着每个小时。在另外四个月中，太阳几乎不落。而人们依旧在这里生活，构筑自己的家园。"朗伊尔"原来是一个美国人的名字。1901年，朗伊尔来到斯瓦尔巴群岛，从挪威人手里买下了岛上的一个煤矿。两年后，他在煤矿附近造起了第一座房子，煤矿工人就用"朗伊尔"的名字，把这个地方命名为"朗伊尔城"。这个当年只有一座房子的地方，如今已发展成为一个拥有学校、银行、邮局、报社、医院、商场、博物馆等众多社会公共设施的城市。

海拔最高的首都 (high)

玻利维亚是一个奇特的国家。说它奇特是因为一般国家只有一个首都，它却有两个。它的法定首都是苏克雷，但是拉巴斯才是它的实际首都，是玻利维亚国家议会、政府所在地，是全国政治、经济、文化中心和交通枢纽。

拉巴斯的名字源于其地理位置，玻利维亚高原东部有一个拉巴斯河谷，海拔达3627米，拉巴斯也成为世界上位置最高的首都，极富山城特色。它被群山包围，像睡在摇篮里，东面是连绵的雪山，不远处就是海拔超过6000米的伊利马尼峰，与整座城市相得益彰。

名字最长的首都 (capital)

湄南河西岸的郑王庙

泰国的曼谷是世界上名字最长的首都。1782年，昭·披耶·却里克坐上了泰国最高领导者的王位，称为拉玛一世。他把首都从原来的吞武里迁至昭披耶河（俗称湄南河）东岸的曼谷，并给新首都起了一个很长的名字——共台甫马哈那坤弃他哇劳狄希阿由他亚马哈底陆浦欧叻辣塔尼布黎隆乌冬帕拉查尼卫马哈洒坦，翻译成汉语意思是"神仙的城、伟大的城、玉佛的宿处、坚不可摧的城、被赠予九块宝石的世界大都会、幸福的城、富裕的王宫，住了权威的神，佛祖以建筑之神再兴建的大都会"。这个名字用泰文表示共有167个字母，音译为拉丁文字后，也有142个字母。这样长的城市名念起来实在不方便，所以泰国人就把它简称为"共台甫"，意思是"天使之城"，而当地的华侨根据音译称它为"曼谷"。

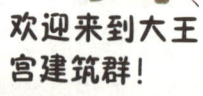

欢迎来到大王宫建筑群！

thunder 打雷最多的城市

炎热的夏天,暴雨倾盆而下,雷声大作,你会感到害怕吗?在有些地方,人们对此却已习以为常了。比如生活在印度尼西亚爪哇岛上的居民,因为那里是世界上雷电最多的地方。

除了高纬度地区外,雷雨几乎遍布地球上的每一个角落,而赤道附近的热带地区,雷雨天气是最多的。印度尼西亚的爪哇岛平均每年约有220个雷雨天,所以这里被人们称作"雷雨中心"。而爪哇岛西部的茂物,更是世界上打雷最多的地方,被誉为"世界雷都"。茂物距离印尼首都雅加达大约56千米,位于熔岩高原脚下的山间盆地之中,海拔为264米。茂物属于热带气候,但雨水充沛,气候凉爽,常年平均气温在25℃左右,是一个著名的避暑胜地。茂物的年降水量为4000多毫米,平均每年有216个雨天,322天响雷,有时一天还会下好几场雨。为什么茂物有这么多的雷雨呢?原来茂物坐落在高原脚下的山间盆地,这里的上升气流十分活跃,很容易形成雷雨云。雷雨云进一步发展,就形成了暴雨和雷电。

茂物一带由于被火山灰覆盖,土壤十分肥沃,因此这里广泛种植茶树、咖啡、橡胶、金鸡纳树、水稻、甘蔗、蔬菜等。这里还有世界著名的热带植物园及全国最大的农业试验总站等。

茂物雨水充足,植物生长茂盛,这里有亚洲最大、品种最全的热带植物园——茂物大植物园,园内有近1.5万种植物。图为园中盛开的丝兰和树兰科植物。

rainy day 雨天最多的城市

考爱岛上，哈纳雷河谷的雾气非常出名。

在距离美国夏威夷州首府火奴鲁鲁（檀香山）120千米的地方，有个叫考爱岛的岛屿。它是夏威夷群岛的第四大岛，也是世界上年均降水量最多的地方，号称"世界湿极"。这里的年平均降水量为12000毫米，该岛的东北坡是全岛降水最多的地方，每年大约有350天是雨天。

由于考爱岛位于夏威夷群岛主体部分的西端，岛上像屏风一样耸立的高山挡住了东北信风的去路，使得湿润的海风被迫在山坡绕行，冷热空气经常交汇，因而使得岛上全年降雨不断。这里不仅雨量大，也易受飓风的侵害，该岛曾在1982年和1992年遭受飓风的毁灭性袭击。

考爱岛是夏威夷群岛中最古老的岛屿，也是这里的第四大岛。这里的各种地质地貌景观十分奇特。

livable 最宜居的城市

蓝天白云下的维也纳美泉宫广场，古朴唯美，韵味悠长。

2019年9月，奥地利首都维也纳在《经济学人》发布的2019年经济学人全球宜居城市排行榜中再度居于榜首，这是维也纳连续两年被评为全球最宜居的城市，并夺得了99.1分的成绩（满分100分）。该报告对城市的稳定性、卫生保健、文化和环境、教育、基础设施5个关键领域的30多个系数进行了评估。

维也纳位于奥地利东北部阿尔卑斯山北麓的维也纳盆地中，三面环山，多瑙河蜿蜒而过。如果有机会站在阿尔卑斯山上鸟瞰维也纳，可以看见维也纳的森林如同起伏的碧波，令人赞叹。

作为"音乐之都"，今天的维也纳仍是音乐的世界。

❄ 最 cold 冷 的村镇

南极洲的年平均气温在-25℃以下，是世界上最冷的地方，这里的极端最低气温曾达到-89.2℃（1983）。这块被冰雪覆盖的大陆也是世界上风暴最大的地方，被称为"风库"。

南极洲太过寒冷，根本没有人长期居住，不然一定会被冻成"冰棒"的。如果要问世界上有人常住的最冷地方是哪儿，那就要数俄罗斯东西伯利亚的维尔霍扬斯克和奥伊米亚康。那里的年平均气温都在-15℃左右。冬季时，会有3个月的平均气温在-40℃以下，两地的极端最低气温分别达到-70℃和-71.2℃。生活在那里的人，气从鼻孔里呼出来后一下子就被冻结了，然后变成了霜一样的白色粉末。

天堂湾浮冰
天堂湾是南极半岛中一个三面环山的海湾，也是南极最美的峡湾之一。

☀ 第一个迎接 sunrise 日出 的城市

富纳富提是南太平洋岛国图瓦卢的首都，也是图瓦卢的主要岛屿。富纳富提岛是由30多个礁屿组成的环礁，其中，东部礁屿大多相连成串，而西部的礁屿则显得有些"孤独"。这些岛屿的高度不超过海平面5米。由于富纳富提紧挨着国际日期变更线，并且在它的西边，所以，这里是世界上最早迎接日出的城市。

富纳富提面积虽小，但是其交通位置十分重要。富纳富提环抱一个长18千米、宽14千米的潟湖，是优良的锚地，这里建有图瓦卢唯一的飞机场。北面的基里巴斯共和国和南面的斐济这两个岛国之间的来往必经图瓦卢，两国都有飞往富纳富提的班机。

富纳富提的人们像身在"桃花源"一样，他们经常成群结队地到海边、草地或中心广场等地方唱歌跳舞，好不欢乐。

富纳富提地处热带地区，这里有着热带地区的典型气候：气温较高，雨量充沛。

fragrant 最香的城市

法国的格拉斯位于距地中海20千米的山麓上。每年夏季，地中海都会吹来湿润宜人的季风，再加上充足的地下水和明媚的阳光，使得格拉斯成为花草的天堂。由于格拉斯处在坡地，各个品种的花都能找到适合生长的海拔高度。每年五六月份，玫瑰是田间的主角；八九月则是茉莉盛开的时节；圣诞节过后，黄绒花将这里染成一片金黄。

16世纪，格拉斯的手工艺人用橄榄油熟皮技术制作手套。但经过橄榄油熟皮技术处理后的手套气味很不好闻，熟皮匠人便开始用香精做成香味手套。没想到这种香味手套很受上层社会的欢迎。皮匠们也发现制作香精更加赚钱。于是，格拉斯人开始种植各种香料花卉。随着王室使用香水量大大增加，这个行业日渐发达。

1730年，法国第一家香精香料生产公司成立于格拉斯。从此，香水业在格拉斯落地生根。如今，这里已成为名副其实的"香水之都"，是法国香水的重要产地和原料供应地，它也为法国赢得了"香水之国"的美誉。

设计精美的香水瓶本身也是一件工艺品。

equator 离赤道最近的城市

厄瓜多尔是南美洲西北部太平洋沿岸的一个国家，赤道从它的境内横贯而过。由赤道横穿的国家还有十几个。不过，厄瓜多尔时常被人们与赤道联系起来的是它的首都基多。基多是全世界离赤道最近的城市，这里距离赤道只有20多千米远。要知道，中国的首都北京距离赤道超过4400千米。

基多原本是印加帝国北部的重镇，"基多"一词在印第安语中是"有人居住的地方"的意思。基多是一座美丽的城市，这里群山环绕，树木郁郁葱葱。按理说，离赤道最近，天气应该最热，可基多却不是这样：因为基多海拔很高，处在2800多米的高原上，气压较低，所以气候温和宜人、四季如春，是理想的避暑胜地。不过，这里的昼夜温差很大，可达15℃以上，着实让人体会到了"晚穿棉袄午穿衫"的感觉。

基多大教堂

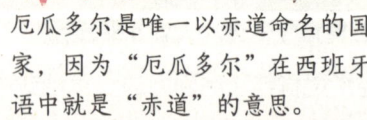

厄瓜多尔是唯一以赤道命名的国家，因为"厄瓜多尔"在西班牙语中就是"赤道"的意思。

第四章 独一无二的城市——城市之最

☀ *sunshine* 日照时间最长的城市

拉萨是中国西藏自治区的首府，也是自治区政治、经济、文化和宗教中心。拉萨，在藏语中为"神佛居住的地方"，意为"圣地"。拉萨还是一座具有1300多年历史的高原古城。从文成公主入藏后，拉萨就开始了初步建设，首先建成了驰名中外的拉萨大昭寺，后又建小昭寺，在红山上建起了布达拉宫等。

拉萨还有一个别称——日光城。拉萨年降水量为200～510毫米，比新疆、内蒙古南部、陕西北部等沙漠地带还要多些。那为什么拉萨的日照时间反而更长呢？原来这是因为拉萨地区的下雨时间80%以上是在当天晚上8点到第二天早上8点之间，夜雨多，雨后第二天依旧是艳阳高照。

拉萨每年平均日照总时间达3000小时以上，全年无雾，日照充足，年均日照率68%。这一数字比在同纬度上的东部地区多了几乎一半，比四川盆地更是多了2倍。所以"日光城"的称呼实至名归。

拉萨的布达拉宫已被联合国教科文组织列入《世界遗产名录》，也标志着古城拉萨已经跃升为世界级文化名城。

举世无双的跨洲名城
cross continental

土耳其横跨亚欧两洲，是个有名的跨洲国家，其境内的伊斯坦布尔则是一个举世无双的跨洲名城。伊斯坦布尔的名气完全得益于它得天独厚的地理位置：在黑海与地中海之间，有一条"黄金水道"把亚洲和欧洲大陆分割开来，这条黄金水道由博斯普鲁斯海峡、马尔马拉海和达达尼尔海峡组成，而伊斯坦布尔就坐落在博斯普鲁斯海峡的南端。这条亚欧大陆的分界线从伊斯坦布尔城的中间通过，所以，伊斯坦布尔被这条分界线分成了两半：一半在亚洲，另一半在欧洲。1973年，跨越博斯普鲁斯海峡的大桥修筑完成，这座大桥不仅连接了伊斯坦布尔的两部分市区，也使亚洲大陆与欧洲大陆的交通往来更加便利。

由于地理位置特殊，伊斯坦布尔自古以来就是交通、军事、商业和宗教的重地。伊斯坦布尔有2600多年历史，主要景点包括圣索菲亚大教堂、蓝色清真寺、托普卡帕宫等。这些建筑本身及其中收藏的大量文物，都是东西方文化交汇的生动见证。

地下水宫是拜占庭到奥斯曼帝国时期的地下蓄水池和军事弹药库，如今已是伊斯坦布尔的地标景点。300多根巨大石柱，每根柱子上都雕刻着精美的图案。

地下水宫倒立的美杜莎头颅石雕

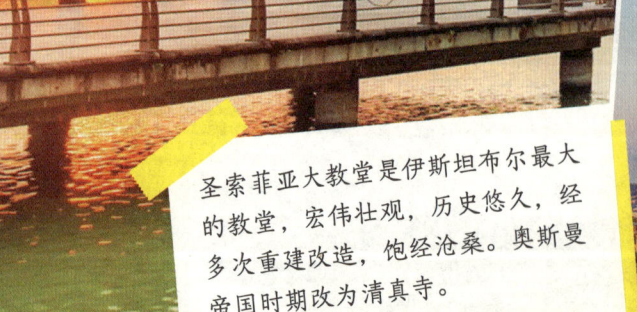

圣索菲亚大教堂是伊斯坦布尔最大的教堂，宏伟壮观，历史悠久，经多次重建改造，饱经沧桑。奥斯曼帝国时期改为清真寺。

garden 花园城市

> 我叫鱼尾狮，身高约8米，主要负责不分昼夜地向大海喷水。

新加坡是东南亚面积最小的岛国，也是一个城市国家，该国的总面积只有724.4平方千米（2020）。新加坡地处马六甲海峡的出入口，由60多个海岛组成。新加坡地势低平，常年高温多雨，年均温24～32℃。年平均降水量2345毫米，没有明显的四季之分。

新加坡被人们誉为"花园城市"，街道两侧绿树成荫，百花争艳，行走其中仿佛进入了城市公园。新加坡人还用52公顷的珍贵土地建起了植物园。植物园里生长着各种热带的乔木、灌木和奇花异草。圣淘沙岛是新加坡的度假胜地，在这个环海的绿岛上，古木参天、鸟语花香，风景如诗如画，晚间的音乐喷泉表演更是令人如痴如醉。

汉堡是欧洲著名的"水上城市"。

bridge 桥梁最多的城市

汉堡是德国第二大城市，也是一个国际化大都市，全市人口178.74万（2016）。从"汉堡"的中译字面意思来看，它像是"汉人之堡"之意。巧合的是，汉堡是德国拥有中国居民最多的城市，超过1万名中国人在汉堡居住，这里成了他们的第二故乡。

汉堡有数不清的运河，为了出行方便，人们修建了很多桥梁。汉堡全市共有大小桥梁2400多座，是世界上桥梁最多的城市。据统计，汉堡的桥比威尼斯、伦敦和阿姆斯特丹三座拥有众多桥梁的城市总共的桥梁数还多。所以，汉堡也叫作"桥之城"。

第五章
千奇百怪的动物——动物之最
Qianqibaiguai De Dongwu——Dongwu Zhi Zui

动物是生物界中的一大类，也是人类的朋友。动物的外形和生活习性千差万别、各具特色。在水中畅游的鱼儿、在天空中飞翔的鸟儿，还有很多在陆地上生活的爬行动物和哺乳动物，以及很多人们不熟悉的动物，一起组成了动物大家庭。今天，许多动物正面临灭绝的危险，人们必须尽全力去保护它们。善待动物就是善待人类自己。

陆地上最大的食草动物 *herbivore*

非洲象是现存最大的陆地食草动物，体重5～8吨，肩高3～4米。非洲象仅生活在非洲密林或草原疏林地区，过着群居生活，每群数十只，以植物为食，觅食多半在清晨或夜间，白天常隐居在树林中休息。

非洲象的耳朵很大。雌、雄象都长有两个很长的大牙，雄象的大牙有2米多长，几十千克重。它们的牙不是同时长出的，而是当现有的牙齿磨损后，新的牙齿才长出来。一般象的第六颗和最后一颗长出的牙被磨损掉需要60年，多数象是活不到这个年纪的。

象鼻对于象的作用也很大，它不仅能够捕卷食物，也可以作为攻击和自卫的武器。有时为了保护幼象免受敌害，母象常用鼻子卷起幼象逃跑。

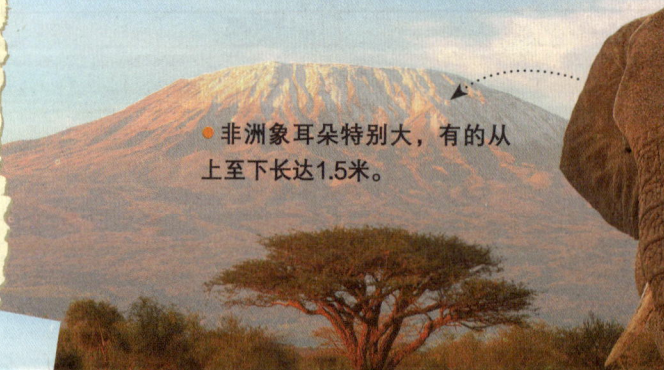

● 非洲象耳朵特别大，有的从上至下长达1.5米。

陆地上最大的食肉动物

carnivore

身穿白色大皮袄的北极熊是陆地上最大的食肉动物。北极熊胖胖的，雄性一般都有400～600千克重；雌性北极熊则小一些，体重大约在200～300千克。虽然北极熊身体又胖又大，头却很小，细细长长的，耳朵和尾巴也很小，这可能是由于北极地区非常寒冷，这样能减少热量散失。

北极熊是北极地区的霸主，既能吃掉幼小的北极兔，也能吃掉海豹。一身皮毛和冰天雪地融为一体，猎物们不易发现它。不过黑黑的小鼻头常常会使它暴露，所以北极熊常用一只前爪捂住鼻子，等待猎物。如果北极熊在冰窟窿口发现了海豹的行踪，它会死守在那里。等海豹一伸脑袋，北极熊就一巴掌把它拍晕，然后美餐一顿。

> 北极熊站起来有将近3米高，打起架来也很凶猛。

北极熊长着无色的毛，皮肤却是黑色的。阳光照到它的皮毛上时，又反射到黑色皮肤上。这样，北极熊就能吸收更多的热量。

> 随着全球变暖加剧，北极熊需要我们人类的保护。

奇趣小知识

最大的树栖哺乳动物：红毛猩猩

最稀有的大猩猩：塔帕努利猩猩，2017年被正式认定为新物种。

最大的 灵长类动物 *primate*

大猩猩常常双足站立，走路时却四肢着地。

在动物学上，人们将所有的猴、猿、猩猩等归在一起称为灵长类动物。在这些灵长类动物中，大猩猩与人类最为接近，也是最大的灵长类动物。

大猩猩站立时身高1.3~1.8米。雄性比雌性体大；雄性体重为140~275千克，雌性为70~120千克。它们住在热带雨林，以家族的形式生活在一起。一般情况下，一个家庭中大约有12个成员，由一个成年的雄性大猩猩任首领。成年雄性大猩猩的后背有一些银色的毛发，所以被称为"银背"。"银背"是个负责任的"爸爸"，白天它带着"老婆"和孩子们去寻找食物；晚上给大家找好休息的地方，并让"老婆"和孩子们到树上去睡，或折些枝叶搭个小窝，自己则在树下巡逻。大猩猩一般下午休息，它们会互相整理毛发和拥抱对方来交流感情。

红毛猩猩体形仅次于大猩猩，双臂很长，站立时双臂下垂能达到脚踝，因其毛发呈红色，因此被称为"红毛猩猩"。

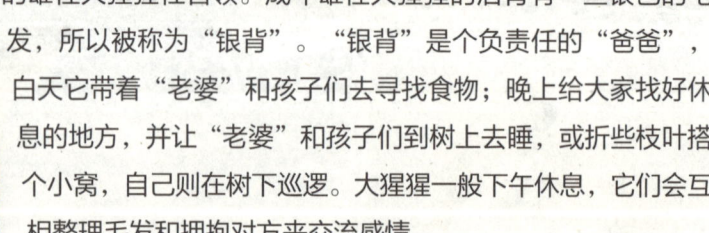

eye 眼睛最大的哺乳动物

眼镜猴非常有特点，一张小脸上长着两只又圆又大的眼睛，像是戴了一副大眼镜，所以人们就给它们取名叫眼镜猴。

眼镜猴个头儿不大，和一只褐家鼠差不多，一身黄褐色的毛皮，乍一看真像是只褐家鼠。眼镜猴的眼珠直径超过1厘米，和它那小小的身体很不相称。眼镜猴常在夜间活动，所以这对大眼睛就派上了用场。眼镜猴对危险非常敏感，甚至在休息时，它们也会睁一只眼闭一只眼，以便及时发现敌情。

眼镜猴不仅仅眼睛大，如果按照身体的比例来计算的话，眼镜猴在灵长类动物中还能获得好几项冠军呢：耳朵最大、趾骨最长。

最原始的哺乳动物 mammal

凡是见过鸭嘴兽的人，都说它长得太怪异了：一身又密又短的毛，一张鸭子的嘴巴，光滑的脑袋呈半球状，短短的四肢，五趾上有钩子一样的爪子，趾间还有蹼，就像鸭子的爪子一样，一条宽大又扁平的尾巴。鸭嘴兽是最原始的哺乳动物，介于爬行动物和哺乳动物之间：以产卵的方式繁殖，却用乳汁来哺育自己的后代。

鸭嘴兽产下卵后会用身体的热度来孵化。幼仔孵化出来后就吃母亲的乳汁。母鸭嘴兽没有乳头，它将乳汁分泌在腹部两侧，幼仔就趴在母亲的腹部上舔食乳汁。

鸭嘴兽多分布在澳大利亚和塔斯马尼亚岛，它们用前足划水，用后足和尾巴掌握方向。它们也能在陆地上爬行。

走得最慢的兽 *slowly*

在全世界4000多种哺乳动物中，走得最快的每小时可达100千米以上，而走得最慢的兽类是分布在美洲热带森林中的一种三趾树懒。它每小时只能走100米左右，比乌龟爬得还要慢。

树懒每天大部分时间都倒挂在树枝上一动不动，这是它最喜欢做的事。只有在想"上厕所"时才会动起来。通常是懒洋洋地爬下来，把栖息的这棵树下当成"厕所"，然后再懒洋洋地爬上去。它吃东西则更方便了，随手抓起身边的树叶、嫩芽或果实，只要能填饱肚子即可。树懒很少运动，所以食量也不大，吃一点儿就饱了。因为长时间不动，树懒的身上长满了绿色的藻类，不过这样也好，能让它和周围的环境融为一体，使天敌发现不了它。

> 我可以说是世界上最懒的动物了吧！有时我连饭也懒得吃。

世界最大的动物 *animal*

> 科学家估计，一条30多米长的蓝鲸体重会超过180吨。

大象是陆地上最大的动物，可和蓝鲸比，大象就是小巫见大巫了。蓝鲸生活在海洋中，是世界上体形最大、最重的动物。

蓝鲸个头儿非常大，一条舌头就重达2吨，心脏重达500千克。它的动脉血管也很粗，婴儿可以钻进它的动脉，在里面玩"钻地道"的游戏。

刚出生的蓝鲸幼崽比一头成年的大象还要重，在蓝鲸面前，大象就是个"小婴儿"。由于蓝鲸体积非常巨大，科学家估计，出生了7个月的小蓝鲸，体重就有23吨重，身长可达十五六米，真是让人大开眼界。蓝鲸的平均寿命为50~80年。

一只小蓝鲸5岁以后，就可以成年了。

第五章 千奇百怪的动物——动物之最

最致命的 *offensive* 攻击性动物

河口鳄是目前世界上最大的爬行动物。一只成年的雄性河口鳄平均长度超过5米，重量超过500千克（最大者1吨左右）。

河口鳄还是最致命的攻击性动物，也是现存咬合力最强的动物。河口鳄上颌每侧具齿16~19枚，下颌每侧14~15枚，咬合力可达4200磅。河口鳄还具有很强的领地意识，处于湿地食物链的顶端。一只成年河口鳄还会捕食体形更大的动物，甚至会捕食鲨鱼、亚洲象、犀牛、水牛等，甚至曾有攻击人、袭击船只的记录，故又名"食人鳄"。

> **奇趣小知识**
>
> **鳄鱼最新物种：** 新几内亚鳄，2019年被确认为一个独特的物种。
>
> **最珍稀的鳄鱼：** 扬子鳄是中国特有的一种鳄鱼，也是一种古老的鳄鱼。在扬子鳄身上，至今人们还可以找到远古时期恐龙类爬行动物的许多特征。所以，人们形象地称扬子鳄为"活化石"。

河口鳄生性凶猛，其凶猛程度会随着年龄增大而逐渐升级。

最小的 *bear* 熊

在你的印象中，熊是不是又高大又威猛？但是马来熊可不是这样的。它是世界上体形最小的熊，哪怕长大了也只有1米多高，就像人类|几岁的小孩儿。它的舌头比较长，有20多厘米，非常喜欢偷吃蜂蜜，因此也被称为"蜂蜜熊"。只要看到蜂窝，不管多么危险，它们都会不顾一切地弄到蜂蜜，是不是特别像贪吃的小孩儿呢？

我主要生活在东南亚雨林地带，长长的舌头可是我偷吃蜂蜜的法宝。

奔跑速度最快的哺乳动物 *fast*

猎豹是陆地上奔跑速度最快的哺乳动物，被称为"短跑冠军"。一只成年猎豹能在几秒之内将速度提到120千米/时（但不能持久），这样的速度甚至可以和普通的火车赛跑了。

猎豹的身体呈流线型，这样可以减小奔跑时的阻力，让它跑得更快；猎豹粗壮有力的四肢也非常适合奔跑；另外，猎豹那条长长的大尾巴在奔跑时也能帮助它掌握平衡，使它在突然转向时不至于摔倒。

猎豹虽然跑得很快，耐力却很差。如果在短时间内没有捕捉到猎物，它就会中途放弃，等待下一次出击。所以说，尽管有足够快的速度，但猎豹捕猎时的成功率并不是很高。猎豹有时也会藏在草丛或灌木丛中，等有猎物从附近经过时，一下子蹿出来，扑向猎物。

猎豹的生活很规律，一般早晨5点钟左右开始外出觅食。它们非常警觉，会不时地停下来四处看看，既是看周围有没有猎物，也是防止被其他猛兽袭击。猎豹一般还会午睡。午睡时它也非常警觉，每隔几分钟就起来查看一下有什么危险。

平时猎豹过着独居的生活，只有交配季节雌雄猎豹才待在一起。

最会变颜色的 *lizard* 蜥蜴

避役俗称变色龙，是一种非常"善变"的蜥蜴，能根据周围环境的变化而改变身体的颜色。很多人认为变色龙变颜色是为了同周围环境保持一致，其实这是一种误解。它们颜色的变化取决于周围的环境，如光线、温度及变色龙当时的情绪（如害怕、兴奋等）。变色龙生活在树上，有一条长长的舌头，有的长度甚至超过身体长度；舌尖上有腺体，可以分泌大量黏液，将小昆虫粘住。变色龙的身体大约长15～25厘米，最长的有60厘米。

变色龙的身体两侧扁平，背部有脊椎，其尾巴很长，可以缠绕住树枝。它们的眼睛很奇特，环形的眼帘很厚，眼球凸出，两只眼睛可分别独立地自由转动180°，非常罕见。由于双眼能分别转动，所以变色龙的双眼各有分工，它可以一边捕食，一边注意周围是否有敌害。

> **奇趣小知识**
>
> 截至2020年2月8日，已知的蜥蜴有436种。
> **行动最快的蜥蜴：** 刺尾鬣蜥
> **最大的蜥蜴：** 科莫多巨蜥

最毒的 *frog* 蛙

蛙也有毒吗？答案是肯定的，我们千万别小看了它们。生活在美洲热带地区的箭毒蛙是蛙中最漂亮的，红色、黄色、橙色、粉红色、绿色、蓝色的都有。箭毒蛙用鲜艳的颜色来警告那些想吃自己的敌人：躲远点儿，我的肉不能吃！

箭毒蛙体形很小，身长不超过5厘米，可它身体里的毒却能够毒死任何动物。箭毒蛙的皮肤里有很多腺体，可以分泌出含有剧毒的黏液。这种黏液既可以使箭毒蛙的皮肤保持湿润，又能保护自己。

箭毒蛙毒性非常强，不到1毫克的毒就可以将一个人置于死地。

箭毒蛙体形很小，皮肤色彩艳丽，像穿了一件亮丽的彩衣。

> **奇趣小知识**
>
> **最大的青蛙：** 在蛙类家庭中，非洲巨蛙的个头儿最大，一只成年雄蛙的体重可达3千克，身体有约30厘米长，如果将它的腿都拉开的话，身体长约1米。

神奇老虎秀

最大的老虎

西伯利亚虎在中国叫"东北虎",主要出没在东北原始森林中。东北虎体形巨大,黄色的皮毛上布满黑色条纹,额头上也有几条黑色横纹,极像"王"字,所以有"丛林之王"和"万兽之王"的美称。

东北虎力量惊人,迅捷灵活,而且内向安静,喜欢独来独往,行踪隐秘。走路时轻巧流畅,像在丛林中无声滑行。捕猎时,常发动突然袭击,四肢猛扑上去,"钢爪"死死按住动物身体,锋利的牙齿咬住动物颈部,一招制敌。它"嗷呜"的叫声可以响彻山林。东北虎还有一双深邃锐利的眼睛,视力是人的5~6倍,所以它常在夜里出来活动觅食。此外,东北虎还会游泳、爬树,"丛林之王"的称号真是实至名归!

> 我是凶猛的东北虎,我有着巨大的体形和惊人的力量,我可是国家一级保护动物哟!

数量最多的老虎

孟加拉虎，也称印度虎。它是世界上数量最多、分布最广的老虎，个头儿比东北虎小一点儿，但是非常威风，披着一身金灿灿的毛，头部和身上的条纹十分漂亮。不过它可是一个"独行侠"，经常单独活动，没有固定巢穴，只有在繁殖季节才会和别的老虎一起生活。世界上拥有老虎最多的国家是印度，野生孟加拉虎的数量约有三四千头。

世界第二小的老虎

马来虎又称马来亚虎，是于2004年新确认的老虎亚种。马来虎是世界上现存的体形第二小的老虎，仅次于最小的苏门答腊虎，但身长也有2.5米左右，体重和非洲雄狮相当。雄虎和雌虎的平均体重各为130千克和100千克，它们主要猎食水鹿、野猪、家畜等。对于马来西亚来说，马来虎的重要性不言而喻，它出现在马来西亚国徽上，已成为国家的象征之一。作为森林之王，马来虎领地很大，在雨林的分布密度不高，大概每100平方千米才有1~2只，是非常难遇到的。

最小的老虎

苏门答腊虎是世界上体形最小的老虎，雄性从头到尾平均体长2.34米，雌性1.98米，仅分布于苏门答腊岛。它长得很有特点，颊毛和胡须比较长，拥有比其他老虎更暗的皮毛，黑色条纹显著，而且排列间隔很小，这样的外形让它和其他老虎有着明显的区别。如今仅存野生苏门答腊虎400多只，人工养殖的不到300只。

最大的**有袋动物** *marsupial*

有袋类动物是澳大利亚典型的哺乳动物，其最典型的特征是母体的腹部有个哺育幼仔的育儿袋，幼崽刚出生后会爬进育儿袋中，随后在育儿袋中进行发育。有袋动物中最小的是扁头袋鼩，最大的是袋鼠。我们都知道的树袋熊也属于有袋类动物，袋食蚁兽、帚尾袋貂、毛鼻袋熊、袋獾等也属于有袋动物，而像袋狼等已经灭绝。

澳大利亚的袋鼠大概有50多种，最大的是红袋鼠，奔跑起来时速可达50～60千米。袋鼠会像人一样双腿直立，它们前肢短小、后腿长而健壮，非常善于跳跃，弹跳力很好。袋鼠是食草性动物，白天躲在树林中，到晚上才出来活动。

袋鼠尾巴又粗又长，长满肌肉，充满力量。休息时，尾巴可撑于地面，就像第三条腿一样来平衡身体，还是重要的进攻与防卫武器。

> 红袋鼠是袋鼠中体形最大的，身高可达两米多。

> 袋鼠前肢短小，后腿健壮，十分擅长跳跃，有时一次跳跃可达3米高。

袋鼠已经成了澳大利亚的国家象征。

> 我需要7~10个月才能完全脱离妈妈的育儿袋。

tall 最高的动物

陆地上最高的动物要数"长脖子巨人"长颈鹿了。一般的长颈鹿都有5米高,有的能长到6米左右。当长颈鹿扬着脖子站立的时候,像一座高高的灯塔。这是一种非洲特有的动物,遍体长着棕黄色网状斑纹。

目前最高的长颈鹿是澳大利亚昆士兰动物园一只12岁的名叫福雷斯特的长颈鹿,身高达5.7米。

长颈鹿的脖子有2米多长,可它们和其他哺乳动物一样,都只有7块颈椎骨。不过,长颈鹿的每块颈椎骨都特别大,而且两块颈椎骨间还有肌肉相连。长颈鹿的前腿要比后腿长,这也给它们带来了不少麻烦,它们必须叉开两条前腿或者干脆跪在地上才能喝到河里的水。

其实,长颈鹿的祖先并没有这么高,只是由于后来地球环境发生了变化,长颈鹿爱吃的新鲜枝叶都在很高的大树上,为了吃到嫩枝叶,长颈鹿就只好伸长脖子,踮起脚来。这样,经过长时间的遗传和变异后,长颈鹿的脖子就越来越长了。

长颈鹿头上长着一对永远不会脱落的角,在耳朵和眼睛后还有两对角,不过不是很明显,所以一般人看不出来。有的雄性长颈鹿的额头中间还长着一只角,所以说,长颈鹿一共有六七只角呢。

吃树叶的长颈鹿

通常情况下,长颈鹿会站着睡觉。

最臭的动物 (smelly)

臭鼬堪称世界上最臭的动物。它们长着黑白相间的皮毛，非常醒目，好像在警告敌人：离我远点儿，否则我就要发怒了。如果敌人不理会它的警告，那么臭鼬就会使出它的拿手绝活儿——竖起尾巴，转过身体，对着敌人喷射出一种恶臭的液体。敌人如果被这种液体击中，短时间内会失明。这种强烈的臭味在800米范围内都能闻到。所以，大部分猎食者见到臭鼬后，都会转身离开，除非这些猎食者太饿了。

臭味武器是臭鼬防身的唯一工具，所以，不管遇到什么危险，它们都会用这招退敌。当对面驶来一辆汽车时，臭鼬也会转过身，翘起尾巴对着它喷射"臭弹"，希望把汽车吓跑，很多臭鼬都因此被汽车撞死了。

> 身上的白色条纹是臭鼬的显著特征，它们嗅觉发达，蓬松的尾巴高高翘起以警告敌人离开。

动/物/们/奇/特/的/防/御/行/为

防御方式	具体行为
刺球	平时，刺鲀身上的刺紧贴在身体表面，一旦遇到敌害或是受到惊扰时，它们就会急速吸进大量的海水，使身体膨胀为平时的两倍。全身的硬刺都竖起来，像个刺球。
装死	有的动物会使用一种特殊的逃生技能——装死。这种方法很有用，因为很多肉食性动物只捕食活的猎物，如果猎物不再运动，它们的捕食行为也会停止。蛇、负鼠都会用这种方法来逃生。
张颈示威	大洋洲的伞蜥蜴遇到敌人时，不但会发出嘶嘶声，还会把颈部褶皱着的皮张开，看起来十分凶猛，借此吓退敌人。
放臭气	臭鼬即是以放臭气击退敌人。
怪异的防御	海参有一种最为奇特的防御方式：受到攻击时会把装满淤泥的内脏从肛门强力排出体外，抛向敌人，自己趁机逃跑。失去内脏的海参不会死掉，会慢慢长出新的内脏。
以刺攻击	当豪猪受到威胁时，会竖起身上的刺，并大声嚎叫、跺脚，向敌人示威。若这样还不行，它们会倒退着冲向敌人，把刺扎进敌人身体。
蜷成团	穿山甲和犰狳在遇到敌害时，会把身体蜷成团以保护头和脚，用坚固的鳞片来对抗敌害。

第五章 千奇百怪的动物——动物之最 77

thirst tolerance
最耐渴的动物

我每天至少要睡18个小时。

树袋熊也叫考拉、无尾熊，虽然有个"熊"字，但它可不是熊呦。树袋熊身体胖胖的，双眼炯炯有神，两只圆耳朵立在头上，没有尾巴，像个可爱的玩具熊。它们体态憨厚、性情温顺，大部分时候都抱着树枝呼呼大睡。

它们最喜欢桉树，并以桉树叶为食。树袋熊从桉树叶子里获取90%的水分，所以它们平时不喝水，生病或干旱的时候才喝水，有的树袋熊甚至一辈子都不喝水，可真称得上是最耐渴的动物。成年树袋熊体重大约10千克。但由于山火喷发和人类的捕杀，树袋熊正面临灭绝的危险。

altitude
生活在海拔最高处的哺乳动物

牦牛主要生活在高寒的青藏高原，它是生活在海拔最高处的哺乳动物，外形与普通牛相似，但体形更高大，加上身体两侧和四肢都披着迎风飘扬的长毛，更显威风凛凛，帅气十足。

牦牛的尾巴长，很像马尾，又叫马尾牛。牦牛四肢粗壮有力，善奔跑。它蹄子坚实，上高山下冰河，如走平地，又善于驮运，是高原上重要的交通工具，被称作"高原之舟"。牦牛有两只钢筋般结实威武的犄角，向上弯折，向外张开，是它对抗天敌的有力武器。

● 世界上80%的牦牛生活在中国喜马拉雅山脉和青藏高原等地区。

这些地方海拔达3000~5000米，属于高寒地区，平均气温低于0℃，但牦牛有着浓密的绒毛，可有效御寒。

不要小看我，我是体形最大的牛！

最大的陆龟 *turtle*

象龟生活在太平洋及印度洋热带岛屿，尤以南美洲西海岸的加拉帕戈斯群岛（属厄瓜多尔）、印度洋上的塞舌尔群岛及阿尔达布拉岛为多。象龟是陆生龟类中最大的一种，因其粗腿看起来很像大象腿而得名"象龟"。

象龟喜欢吃青草，还是有名的"瞌睡龟"，每天要睡16个小时。象龟壳长达1.5米，爬行时有0.8米高，重200～300千克，能驮着一到两人行走。雨季时，象龟就到山下去生活；旱季时，它们又会爬到多雾的山顶生活。象龟还常在泥沼里打滚儿，给身体降温，也常让小鸟给它们清理身上的寄生虫。

我一年繁殖一次，每次产卵90～150枚。

奇趣小知识

最小的海龟： 南非斑点海龟，龟壳长度为6～9.6厘米。

潜得最深的动物 *deep*

我们知道，波涛滚滚的海水既有巨大的浮力，又会产生极大的阻力。而在这"双重"压力下，却有很多潜水的好手，如各种鱼类、海豚、海豹和海龟等，它们能顶着巨大的"压力"，在海水中自由自在地游来游去。然而，它们仍不是潜得最深的动物，真正的潜水冠军当推号称"海中霸王"的抹香鲸，它能以屏气法潜入水下长达2小时，最大潜水深度可达2200米，而且能够出入自如。

海洋哺乳动物和人一样，也是用肺呼吸的。一般而言，人的屏气时间只有1～2分钟，潜水深度也不超过20米。即使是经过专门训练的潜水员，也只能潜到70多米的深度，这和抹香鲸相比，真可以说是小巫见大巫了！

抹香鲸的肠道里会形成蜡状物质，这种物质就是珍贵的"龙涎香"，抹香鲸也因此得名。

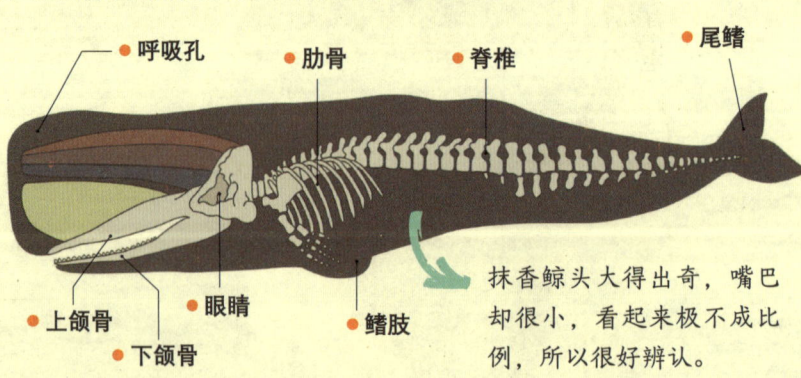

抹香鲸头大得出奇，嘴巴却很小，看起来极不成比例，所以很好辨认。

最*clever*聪明的动物

海豚是大家公认的动物界中的"智多星"。见到人时,海豚不会转头就逃,也不会对人张牙舞爪,而是非常温顺可亲。

海豚是动物界中大脑最发达的,人的大脑占人体重的2.1%,而海豚的大脑则占它体重的1.7%,比例和人类非常接近。比人类更高明的是,海豚的大脑由完全隔开的两部分组成,当一部分工作时,另一部分就可以休息了。所以,我们看到海豚好像总是在不停地游水,其实它们是在一边游水一边睡觉呢。

如果有人不小心掉到水里了,海豚会用它那长长的嘴巴把落水的人推到岸上。有些海豚经过学习和训练后,甚至能模仿人的某些话音,真是聪明。

海豚靠回声定位系统寻找食物。有人曾试验,把海豚的眼睛蒙上,再把水弄得很浑,海豚还是能准确地捕捉到食物。此外,海豚还有高超的潜水和游泳本领,能潜到水下300米深的地方,而海豚的游速则更让人望尘莫及。

海豚通过喷水孔进行呼吸。

我们还是潜水大师呢!

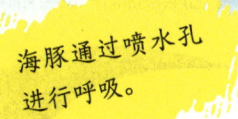

tooth 牙齿最多的恐龙

鸭嘴龙因为嘴尖似鸭而得名。它是一种大型恐龙，身长平均9～12米，最大的有15米多长，身体笨重。鸭嘴龙的后肢和骨盆非常发达，头骨长，颌部宽而扁平。鸭嘴龙的颌部有几个不太锋利的牙齿，但不是同时起作用，而是在旧齿磨损或脱落时，由新齿替代。它是植食性动物，其强大的颚部两侧共有几百颗锋利的臼齿，用来咀嚼粗大的植物。鸭嘴龙是世界上牙齿最多的恐龙。鸭嘴龙尾侧扁，很可能具有一定程度的水中生活的习性。

- 鸭嘴龙粗壮的后肢，宽大的双脚，趾间有皮质的蹼，可以适应浅水区的生活。

- 鸭嘴龙数量惊人的牙齿能轻易咬碎坚韧的植物纤维。

dinosaur 爪子最大的恐龙

重爪龙生活在白垩纪晚期，属于棘龙科。最早的重爪龙化石是在英国被发现的，那具化石是一只幼年的重爪龙。

重爪龙的脖子长且直，这与霸王龙等肉食性恐龙有所区别。它的头部扁长，嘴部形态很像鳄鱼。重爪龙后肢强壮，后足有三根粗壮的趾，前肢大趾上的超级大爪十分显眼。它们的爪子是迄今发现的最大的恐龙爪，仅外侧弧线就有31厘米长。此外，重爪龙还长着一条长长的尾巴，用来保持身体平衡。

科学家在一些重爪龙的腹腔部位还发现了禽龙的骨头，很难想象，这种恐龙会袭击禽龙。重爪龙很可能会使用它的大爪子扑杀，但是从它的牙齿和体形来看，似乎不足以猎食大、中型恐龙。也许，它除了吃鱼，还会食腐，它的长嘴可以伸进死掉的恐龙肚子里，吃掉柔嫩的内脏。

最大的鸟 *bird*

鸵鸟是所有鸟类中体形最大的。雄鸵鸟高可达2.75米，体重100～130千克。雌鸵鸟要比雄鸵鸟稍小一些。

鸵鸟的脖子很长，大约占身高的一半。鸵鸟下的蛋也特别大，约20个鸡蛋加在一起才能有1个鸵鸟蛋重。这么大的蛋，足够一个人吃两天了。

鸵鸟是一种不会飞的鸟，因为它的翅膀已经退化了，但奔跑起来速度却特别快，就连奔跑最快的马也不一定能追得上它。这是由于鸵鸟在其生活的大草原上有很多天敌，但鸵鸟没有什么特别的本领，只好用快速逃跑来躲避敌人的追赶。不过，如果真的和敌人相遇了，鸵鸟也不甘示弱，它会用它那有力的脚狠狠地踢对方。

鸵鸟腿部肌肉强健，跑起来健步如飞，时速可达40～70千米，每步距离能达到3米。它们脖子也很长，视觉敏锐，能提前预知风险，脚也是它们有力的武器。

最小的鸟 *tiny*

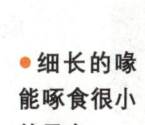

蜂鸟是世界上最小的鸟。蜂鸟有很多种，它们的个头儿都很小，最小的蜂鸟还没有一只黄蜂大，最大的蜂鸟也不过20克重。

蜂鸟的蛋也是所有鸟蛋中最小的，大约和一粒豌豆差不多大。不过，对蜂鸟自己来说，这个蛋可是很大的，因为它的重量要占蜂鸟本身重量的1/10。别看蜂鸟长得小，它们的飞行技巧却非常高，可以在1秒钟之内扇动80次翅膀，使自己悬停在空中。不仅如此，蜂鸟还能倒退着飞、向左飞及向右飞，这一本领是其他任何鸟类及昆虫都做不到的。

● 细长的喙能啄食很小的昆虫。

● 强壮有力、高度灵活的翅膀使得蜂鸟可以在同一个地方盘旋不停。

奇异的鸟类

最凶猛的鸟

安第斯兀鹰生活在南美洲安第斯山脉的悬崖绝壁之间。它体形庞大，身体可达1.3米长，两扇翅膀展开后达3米。它有一张非常坚硬且带钩曲的"铁嘴"和一副尖锐的利爪，专吃活的动物，鹿、羊、兔等中小型动物都是它的食物。不仅如此，安第斯兀鹰还能捕食美洲狮等大型兽类的幼崽，真是一种凶猛的鸟类。因此，它又有"吃狮之鸟""百鸟之王"的称号。

现存最高的飞行鸟类

我们都听说过丹顶鹤，那你知不知道还有一种鹤，脖子上有一圈鲜红色的像围巾一样围在脖子上的印记，这就是赤颈鹤。赤颈鹤个子很高，是鹤家族里体形最大的。赤颈鹤体长140～152厘米，最高的可达180厘米，体重约12千克，也是现存最高的飞行鸟类。别看它体形大，却不显笨重，伸展的长脖子十分优雅。它们经常栖息于开阔的平原、草地、沼泽、湖边浅滩，捕食一些鱼虾、蛙、蜥蜴等动物，有时也吃谷粒及水生植物。

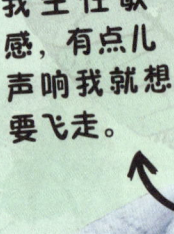

我生性敏感，有点儿声响我就想要飞走。

飞得最快的鸟

雨燕是飞行速度最快的鸟类，它那镰刀状的翅非常适合快速飞行，一般每小时可飞行110千米。但雨燕的足非常短小，不适合行走，除了休息时会停下来，其他时间都在空中不停地飞来飞去，甚至连进食也是在空中飞行时完成的。和燕子一样，雨燕的尾巴也是叉尾，像把剪刀。雨燕喜欢把巢筑在高处的断树枝洞里或腐朽的老树干中。在温带地区，雨燕出现是夏季到来的标志。

飞得最慢的鸟

丘鹬的飞行速度为8千米/小时,是世界上飞得最慢的鸟。丘鹬的胆子非常小,白天隐藏在山林中很少出来活动,只有在黄昏或拂晓才敢飞出来寻找食物。就连雌雄"约会"时,也会选择在这些时间里,白天它们则分散隐蔽。丘鹬是"一夫多妻"制,太阳落山后,雄鸟高飞鸣叫着呼唤雌鸟,雌鸟听到叫声后,就飞落到地面与其结为伴侣。丘鹬的巢通常是利用灌木根旁的枯枝落叶等堆集而成,雌鸟在每个巢里产3~4枚卵。

短距离冲刺速度最快的鸟

游隼的飞行速度非常快,当它向下俯冲时,时速可达360千米。它们多数时候在空中巡猎,一旦发现猎物,就会快速飞到高空,将两只大翅膀向上折起来,使劲儿地扑向猎物,用它那尖利的嘴刺向猎物的要害部位。猎物被袭后,就会丧失飞翔能力,从空中掉下来。这时,游隼会不失时机地冲过去,抓住下落的猎物。游隼也常常在空中盘旋,一些胆小的鸟儿或小动物看到它后,就会吓得赶紧飞走或逃跑。

最长的鸟翼

漂泊信天翁生活在南极周围海域,是信天翁中体形最大的一种,身长可达1米以上,翅膀展开时可超过3.5米,有非常强大的滑翔能力,挥动翅膀可以在空中停留几个小时,因此有"杰出滑翔员"的美誉。和一般的鸟类不同,漂泊信天翁一旦学会飞翔就会长年漂泊在海上,直到成年后产卵繁殖才停下来。而且,它们对爱情非常忠贞,只要找到了中意的对象就会与其相伴一生。

世界之最

奇趣小知识

最北端的企鹅：加拉帕戈斯企鹅
体形最小的企鹅：小蓝企鹅

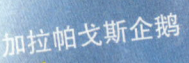
加拉帕戈斯企鹅

小蓝企鹅

企鹅一家

cold-resistant
最耐寒的鸟

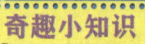

企鹅主要生活在南极洲及其邻近的非洲、南美洲和大洋洲的南端，是最耐寒的鸟类。它们身披黑色的"燕尾服"，露出白白的肚子。企鹅身体很胖，走起路来摇摇摆摆的，非常可爱。

帝企鹅主要生活在南极大陆和南设得兰群岛上，是企鹅家族中体形最大的。成年帝企鹅高达1~1.3米，重达20~45千克。

企鹅经常在冰冷的水中游泳，所以保温对它们来说相当重要。不过不用担心，企鹅肥胖的身体里有很多脂肪，能起到保温的作用。企鹅的羽毛又厚又密，能防止冷水和皮肤接触，保暖性能非常好。而且企鹅的羽毛都是中空的，这样就能阻隔冷空气进入，也能防止身体内的热量流失。另外，企鹅总是一大群生活在一起，它们聚集密度很高，这样也能帮助保持体温。企鹅不会飞，但很擅长游泳，身体两侧的鳍肢在游泳时充当了桨的作用，使其能游得非常快；在雪地上时，它们又借助鳍肢飞快划雪。企鹅以水中的鱼、虾为食，入水捕食时，用肺呼吸，所以每隔一段时间就要把头露出水面。

嘴巴最*big*大的鸟

巨嘴鸟，一听这个名字就知道这种鸟的嘴巴特别大。没错，巨嘴鸟是嘴巴最大的鸟。一看到巨嘴鸟，人们马上就会被它那又大又漂亮的嘴巴吸引住。雄巨嘴鸟的嘴巴最大，它们的身体大约有79厘米长，而大嘴巴就占了大约23厘米，近1/3的身体都被那张大嘴巴给占去了，真是够大。

这么大一张嘴巴，会不会很重，使巨嘴鸟向前摔倒呢？这个担心完全没有必要，因为巨嘴鸟的嘴巴虽然很大，却很轻，它外面是一层薄薄的角质鞘，里面是中空的，中间有很多骨质支撑杆交错排列着，起加固作用。但巨嘴鸟的嘴巴很脆弱，有时会破碎，当其大嘴被破坏后，仍可以生存很长时间。

- 五彩的喙看似巨大，但还不到30克。
- 颈部羽毛的颜色呈艳丽的黄色。

巨嘴鸟嘴巴边缘有很多锯齿，能帮助它快速摘下树上的果子。嘴巴里还有一条长长的舌头。

最大的*peacock*孔雀种类

我是不是很美？

绿孔雀多生活在东南亚。雄孔雀体长约2.2米，是现存最大的可飞行鸟类之一。绿孔雀全身有一种翠蓝绿色，头顶有一簇直立的冠羽，背部散发出一种翠绿色的光泽，羽毛上有像眼睛一样的彩斑。尤其是雄鸟，羽毛更是华丽醒目。当求偶时，雄孔雀鲜艳的羽毛会慢慢开屏，如扇子一般不断抖动，发出沙沙的声音。雌鸟不及雄鸟艳丽，亦无尾屏。绿孔雀也常群体活动，不善于飞行，行走时一步一点头，步履轻盈，遇到危险时也可大步疾跑。它们白天活动，晚上栖息于树上。

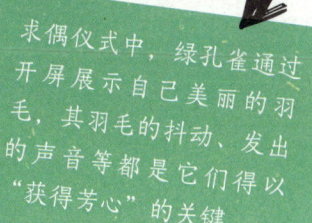

求偶仪式中，绿孔雀通过开屏展示自己美丽的羽毛，其羽毛的抖动、发出的声音等都是它们得以"获得芳心"的关键。

primitive 最原始的鸟

1861年,人们在德国南部的侏罗纪晚期石灰层里发现了一具最古老的带羽毛的恐龙化石,化石的骨骼和羽毛痕迹都很好地保存在一块岩石上,这就是现在已知的最早的鸟——始祖鸟。始祖鸟生活在侏罗纪晚期,它们的体形和普通乌鸦的大小差不多,从化石上,人们仍然可以看到它长长的腿和尾椎骨。始祖鸟的口部没有其他鸟类那样的喙,而是有和恐龙一样的牙齿,翅膀的前端还有伶盗龙那样的爪。由于始祖鸟既有鸟类的特征,又和爬行动物有某些相似之处,所以人们推断,鸟类是从爬行动物进化而来的。

由于它的特征和鸟类很接近,所以人们叫它"始祖鸟"。

far 飞得最远的鸟

北极燕鸥是鸟类中的"飞行健将",它们轻盈得好像会被一阵狂风吹走似的,却能在南北两极进行令人难以置信的长距离飞行。

北极燕鸥是一种候鸟,当北半球是夏季的时候,它们就在北极圈内繁衍后代;当冬季来临,它们就开始了长途迁徙。它们一直向南飞,跨过赤道,绕地球半周,来到冰天雪地的南极洲,在这里享受南半球的夏季。北极燕鸥最长可以飞行2万多千米,每年往返就要飞4万多千米,这个距离能绕地球一周了。即使是现代化的飞机,要在两极之间往返飞行也不是一件容易的事,北极燕鸥的长途飞行本领真令人佩服。

我的一生都在飞翔,是当之无愧的"迁徙之王"!

● 翅膀又窄又长,非常适于飞行。

● 鲜红的长喙

● 尾羽起着舵的作用。

feather 羽毛最多的鸟

在所有鸟类中,天鹅羽毛最多,一只天鹅就有2.5万多根羽毛。有了这身厚厚的羽毛"大衣",天鹅即使在零下三四十摄氏度的晚上睡觉也不会有问题。

天鹅栖息于湖边和沼泽地中,它们的身体肥胖而丰满,脖子细长,甚至超过它身体的长度。天鹅常常将脖子弯曲成优美的"S"形,样子高贵端庄,轻盈优雅。它们还经常将长长的脖子伸到水中去吃水生植物。

到了秋季时,成年天鹅那又厚又保暖的羽毛会全部脱去,换上新的羽毛。在换羽毛期间,由于羽毛要全部褪光,它们在这段时间里就丧失了飞行能力,所以很容易受到天敌的袭击。但天鹅也有办法应对这种危险,它们把自己藏在杂草丛里,由于周围的环境很复杂,天鹅就能有效地躲避天敌,平安度过换羽期。

天鹅虽然有美丽的外表,却没有动听的嗓音。多数时候它们都很安静,不会像其他鸟那样发出一些呼噜及沙哑的声音,所以人们又叫它们"哑天鹅"。不过在与同伴联络时,它们会发出很大的声音,远远听着,像是响亮而忧郁的号角声。

我喜欢在水面上游玩,看起来是不是很优雅?

the biggest 最大的鱼

每条鲸鲨背部的白色条纹和斑点都是独有的。

鲨鱼是鱼类中的"大个子",其中体形最大的就是鲸鲨。鲸鲨最大可长到20米,体重可达20吨,是现存世界上最大的鱼类。

鲸鲨的身体呈灰褐色或青褐色,上面长有很多黄色的斑点或是横纹。鲸鲨的嘴巴又宽又大,差不多和头的宽度相等,这样的一张大嘴如果张开的话,一定很吓人。虽然鲸鲨的嘴巴很大,可牙齿却很小,在它的上下颌里各长有几百颗牙齿。

鲸鲨喜欢吃海里的浮游小生物和小鱼等。当它吃东西时,会把食物和海水一起吞到嘴里,然后闭上嘴巴,让海水从两侧像过滤器一样的鳃耙流出去,这样,食物就留在嘴里了。

nest 筑巢最精致的鱼

刺鱼体形小,雄鱼呈艳丽的红色,堪称鱼类中筑巢最精致者。当刺鱼选定筑巢地点后,就衔来水草的根和茎以及其他植物的屑片,用肾脏分泌出来的黏液把它们黏合在一起。"施工"时,刺鱼不时向巢泼水,同时不断将身上的黏液涂于其上,这样就变成了"水草砖加水泥浆",然后将口部伸入水底的泥沙中,衔了满口的泥沙散于巢底,这样反复地工作,直到"小床"被压到结实且坚固为止。刺鱼会用身体黏液将巢的外部稳固住,然后再钻入巢内通过四处跳跃回旋来使身体黏液涂到内壁上,使得整个内壁像刷了油漆的墙壁一样光洁如新。刺鱼的巢呈圆桶形,中空,巢侧有一圆口。

刺鱼筑巢的目的是为了保护子嗣。它们一般在春季筑巢。在产卵以前,雄刺鱼会选择一个安全的地方开始筑巢。它们的巢看上去很简单却不失精致。

lazy 最懒的鱼

● 椭圆形的吸盘

鲫鱼又称吸盘鱼，是世界上最懒的鱼。鲫鱼的游泳能力很差，很少自己游水。这种鱼头部附近有一块长椭圆形的吸盘，是在漫长的岁月中由第一背鳍演化而来的。它们就用身上的这个大吸盘把自己吸附在其他大鱼的身上，随着大鱼去旅行，鲫鱼也就成了有名的"免费旅行家"。

鲫鱼最常吸附在游泳能力非常强的大鲨鱼身上，偶尔也吸附在船底。当到达一处食物比较丰富的地区后，鲫鱼就停下来大吃一顿。吃饱后，再换一个新的目标，继续它的旅行。值得一提的是，这样"旅行"不仅省力气，还由于它吸附的大鲨鱼非常凶猛，使得那些天敌们都不敢吃它了，真是一举两得的美事。

吸附在其他鱼类身上"旅行"的鲫鱼

鲫鱼身体细长，通体为褐色，生活于全世界较暖水域。

life 寿命最长与最短的鱼

虾虎鱼也是世界上最小的脊椎动物之一。

在鱼类中，狗鱼堪称是"老寿星"，能活到200岁以上。狗鱼生活在北半球的寒冷地区，它的长寿可能和这种寒冷的生活环境有关系。

近几年，澳大利亚的研究人员发现，虾虎鱼最多只能活59天，是世界上寿命最短的鱼类。虾虎鱼一般只有1～2厘米长。小虾虎鱼被孵出来后，很快就变成了幼鱼。幼鱼在大海里游动3周后，找到一座可以定居的珊瑚礁，就在那里繁殖后代，度过一生。雌性虾虎鱼出生25天后就可以产卵了，一次能产大约400个卵。雌性虾虎鱼产下卵后，由雄性虾虎鱼来负责保护这些卵。

狗鱼身体修长，性情凶猛，长着尖尖的犬齿，常吞食其他鱼类和一些水生动物。

swim 游得最快的鱼

在众多鱼类中，如果单比游泳速度，冠军肯定是旗鱼。旗鱼的游速可达120千米/小时，这比轮船还要快3倍。

旗鱼嘴巴像一把长剑，能顺利地把前面的水分开两旁，其背鳍竖起时就像船帆一样，当它快速游泳时，就会放下这面"风帆"以减少水的阻力。旗鱼的尾柄特别细，肌肉发达有力，像轮船的推动器一样，推动身体快速前进。这种独特的身体结构，使旗鱼创造了鱼类游泳速度最快的纪录。

> **奇趣小知识**
> 自然活动范围最小的脊椎动物：德弗尔斯海穴旗鱼

- 狭长的尾鳍有助于快速游动。
- 第一背鳍长而高，如同随风飘展的旗子。
- 旗鱼结构图
- 尖长喙状吻部，非常坚硬，用以攻击。

最不怕冷的 *fish* 鱼

生活在南极的鳕鱼是世界上最不怕冷的鱼。一般鱼类在 –1℃时就被冻成"冰棍"了，而南极鳕鱼却能在南极低温的水中生活，自由自在地游来游去，而不会被冻僵。这是为什么呢？原来，南极鳕鱼的血液里含有一种叫作抗冻蛋白的成分，它的功效就和汽车用的防冻液差不多，怪不得南极鳕鱼不怕冷呢。

南极鳕鱼身体长约40厘米，呈银灰色，略带黑褐色斑点，头部很大，嘴圆圆的，嘴唇很厚。有趣的是，它的血液是灰白色的，里面没有血红蛋白。南极鳕鱼是一种食用鱼类，肉质鲜嫩，味道可口，营养价值很高。

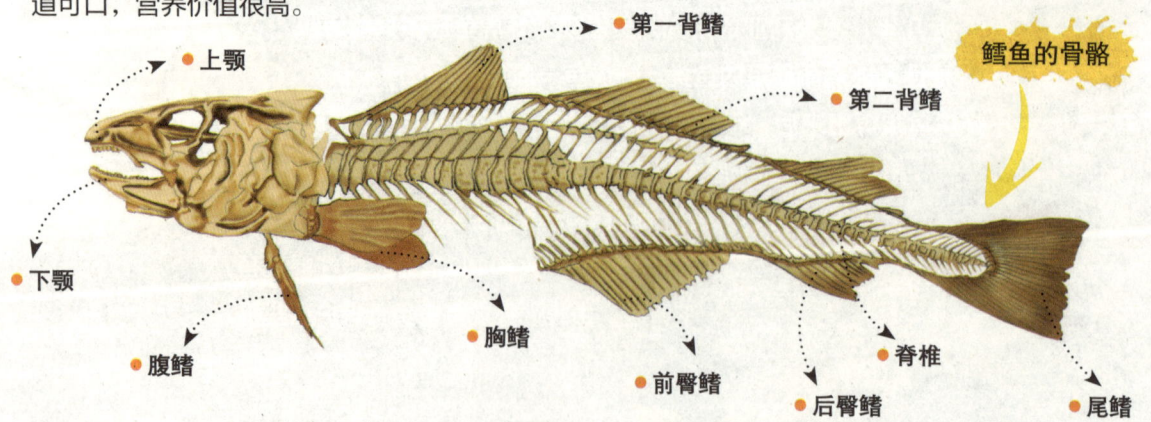

鳕鱼的骨骼

- 上颌
- 下颌
- 腹鳍
- 胸鳍
- 前臀鳍
- 第一背鳍
- 第二背鳍
- 后臀鳍
- 脊椎
- 尾鳍

眼睛最多的 昆虫 insect

昆虫的头部一般都长有一对复眼，有时还有三只单眼。在所有的昆虫中，蜻蜓的复眼最大，鼓鼓地突出在头部的两侧，占了头部总面积的2/3以上。

蜻蜓的两只大眼睛是由10000～28000只小眼睛构成的，所以蜻蜓的视力非常发达，能一边飞行一边捕捉小昆虫。蜻蜓眼睛的构造也非常奇特，上部分用来看远处，下部分用来看近处。由于上下两部分的眼睛各司其职，而且眼睛还能随颈部自由转动，这使它们在空中捕捉小虫时总是得心应手，从不落空。

如果有东西快速在蜻蜓的眼睛上部晃动，蜻蜓就会目不暇接，人们就很容易抓住它了，这也是蜻蜓眼睛多的弱点。

蜻蜓灵敏的复眼能望见1米以外的蚊蝇。

最长的昆虫 long

竹节虫是世界上最长的昆虫。一般的竹节虫都有3～30厘米长，而产于印度尼西亚的一种巨型竹节虫居然有33厘米长，真是够长了。

竹节虫和其他昆虫一样，头部有一对细长的触角，胸部有三节，每节各生有一对细长的足，适合爬行。竹节虫的形状非常奇特，身体外形分成一节一节的，呈绿色或褐色。它们生活在与竹子混杂在一起的灌木丛中，以树叶为食。

能以假乱真的竹节虫

当竹节虫静栖在竹子上时，就像是竹枝一般。它们还能够慢慢地把身体颜色调整到与四周环境一致的程度，甚至它们的卵也跟植物的种子相似。

竹节虫的身体又细又长，当它们趴在竹枝上时，就跟真的竹枝一模一样，不仔细看还真看不出来呢。竹节虫行动缓慢，繁殖能力也不强。

voice 声音最大的昆虫

蝉约有3000种，体长2~5厘米，有两对膜翅，复眼突出，以树木汁液为食。雄蝉腹的基部有鼓膜，震动时能发出响声。蝉的叫声是在相互交流。在已知的蝉中，非洲蝉是叫声最大的，在50厘米的距离内声压级平均达106.7分贝。而在摇滚音乐会的前排所测得的噪声为110分贝。所以说蝉是叫声最大的昆虫。

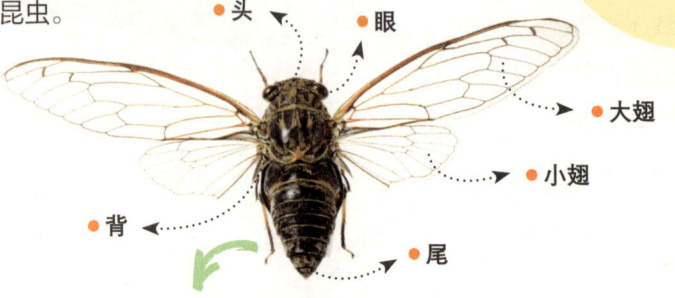

蝉幼虫生活在土里，吸食植物根中的汁液存活，需要几年才能成熟。成熟的雄蝉声音嘹亮，因为雄蝉腹部第一节两侧有发音器。

蝉有六足，头部较小，颈部粗，背部浑圆，有两对膜翅。

spider 最大的蜘蛛

从重量和体积来看，在南美洲北部发现的亚马孙巨人捕鸟蛛是最大的蜘蛛。这些蜘蛛的足展长度可达28厘米，体长可达11.9厘米，体重达175克。

亚马孙巨人捕鸟蛛能结出具有很强黏性的网，能够黏住小鸟、青蛙、蜥蜴等小动物。织好网后，亚马孙巨人捕鸟蛛就在一旁静静地等待着猎物落入这张大网中。每当有猎物落入网中，亚马孙巨人捕鸟蛛就会迅速爬过来，将毒液分泌到猎物体内，被黏住的动物几乎没有生还的可能。

事实上，亚马孙巨人捕鸟蛛可以很轻易地捕食鸟类、老鼠等动物，但它们却很少以此作为食物，而是喜欢食用蟋蟀、甲壳虫之类的小昆虫。

正在捕食猎物的亚马孙巨人捕鸟蛛

最大和最小的蝴蝶 *butterfly*

蝴蝶披着漂亮的外衣，经常在花丛中翩翩起舞，为世界各国人民所喜爱。蝴蝶种类繁多，全世界共有14000多种，中国约有1300种。

鸟翼凤蝶是世界上最大的蝴蝶种类。新几内亚岛是鸟翼凤蝶的分布中心，而在澳大利亚和东南亚，我们也能见到鸟翼凤蝶的身影。鸟翼凤蝶中最大的亚历山鸟翼凤蝶是世界上最大的蝴蝶，翅膀展开时可达30厘米。鸟翼凤蝶是人们在一个密林里发现的，它们像鸟儿一样在树梢上飞来飞去，非常不易捕捉。很长一段时间，人们把它们当成小鸟。鸟翼凤蝶还是最贵的蝴蝶，一只鸟翼凤蝶的标本曾以1800美元的高价卖出。

最小的蝴蝶是小灰蝶，翅膀展开时仅1.6厘米长。而我国的昆虫学家曾捕到一种小灰蝶，它的翅膀展开时只有1.3厘米，创造了世界上最小蝴蝶的纪录。雌性小灰蝶和雄性小灰蝶的身体颜色不同：雌蝶通常呈暗色，雄蝶则具有翠、蓝、青、橙、红、古铜等颜色的金属光彩。这类蝴蝶翅膀的正面斑纹比较淡雅，而翅膀的反面却色彩丰富，远比正面突出。

鸟翼凤蝶

精巧的小灰蝶

雌性亚历山鸟翼凤蝶比雄性大，腹部呈鲜黄色。

第六章 非比寻常的植物——植物之最

Feibixunchang De Zhiwu—Zhiwu Zhi Zui

植物是一个大家族，这个大家族中共有 30 多万个成员。在地球的演变和生物的进化过程中，植物起到了极其重要的作用。没有植物提供的氧气，动物和人类就无法生存，地球也不会如此生机勃勃。在这个庞大的植物王国中，几乎每一种植物都有自己的秘密，你想了解这些鲜为人知的秘密吗？

最轻的树木 tree

轻木是世界上最轻的树木，盛产于南美洲的厄瓜多尔。一根又粗又长的轻木木材，两个人抬起来快步如飞，一点儿也不吃力。每立方米轻木仅重115千克。

轻木木质又细又白，虫蚁都不会蛀咬它。轻木的浮力大约是软木的两倍，非常适用于制造救生圈和救生衣。由于具有很好的弹性，轻木也是包装家具等物品和制造机器坐垫的优良防震材料。

最大的种子 seed

世界上最大的种子是复椰子树的种子。复椰子树分布在非洲东部印度洋中的塞舌尔群岛上，高15～30米，树干笔直，叶子像把大扇子。

复椰子果实里的种子就像是两个椰子合在一起，种子中间有条沟，长约50厘米。复椰子的果实也像椰子一样，外果皮由海绵状的纤维组成，除去这层纤维就看见了有硬壳的种子。复椰子树的花从授粉、结果到成熟需要13年，种子的发芽期需要3年，且只有在强烈的日照下才能发芽。复椰子树一般每年只生长一片新叶子。

the smelliest 最臭的花

世界上最臭的花是巨人海芋,由于它能散发出一种像烂肉又像大便的恶臭味,所以又被称为"腐尸花"。

这种世上最高、最臭的花来自苏门答腊岛的雨林之中,因其花形巨大、色彩鲜艳、气味难闻而闻名。腐尸花高约1.5米,整个植株酷似一个巨型烛台。

这种花人工培植的难度很大,每3年才开放一次。一经开放,就会在8个小时内持续散发出难闻的动物尸臭味,以此吸引以腐肉为食的甲虫来帮它授粉。虽然腐尸花臭气熏天,可由于它的花很奇特,又不经常开,所以每当它开花时,还是会有很多人前来一睹它的"芳容"。

巨人海芋的花序之高,在草本植物中无出其右者。

flower 最大和最小的花

生长在印度尼西亚的大王花是世界上最大的花。大王花有5个花瓣,直径可达1.4米,重可达15千克,花的中间甚至可以装5千克水。自然界中的绝大多数花都是香的,可大王花却像粪便一样臭气熏天,人们都离它远远的,蝴蝶、蜜蜂也不愿意靠近它,只有苍蝇喜欢它,并帮它传粉。大王花虽然很臭,身价却不菲,在市场上,1000美元一朵的售价也不算贵。

和大王花正好相反,有一种浮生在池塘或稻田水面上的无根萍,它的花是世界上最小的。无根萍没有根也没有叶,形状像个小球,长约1毫米,宽不到1毫米。这样小的植物,它的花就更小了,直径只有针尖那么大,不仔细看根本找不到它。

最小的 果实 *fruit*

浮萍不耐高温，不喜欢晒太阳哟！

浮萍是最小的有花植物，它的果实也是世界上最小的果实。有一种最小的浮萍，它的整个植物全长还不足1毫米，果实的重量只有70毫克，比一粒精盐还要小。

浮萍的整个植物体都是绿绿的，没有茎和叶的分别，统称为叶状体。叶状体从浮萍的身体下面生出来，两两相对，呈卵形。它还有一条垂在水中的根，长3～4厘米。浮萍夏季开花，花长在叶状体的边缘，呈白色。但浮萍很挑剔，除非条件适宜，否则很难开花。浮萍的果实近似于陀螺的形状，里面有一粒种子。

脾气最暴躁的 果实 *testy*

喷瓜属于葫芦科多年生匍匐草本植物，果实成熟后会将种子喷出。喷瓜家族中，有一种喷瓜摘取了"脾气最暴躁果实"的桂冠，那就是原产于欧洲南部的喷瓜。它的果实成熟后，包含着种子的多浆质组织会变成黏液，挤满果实的内部，强烈地膨压着果皮。在这种极大的压力面前，果实只要稍微受到触动，就会"砰"的一声炸开，好像一个充足了气的皮球被突然刺破一样。这股力气是如此之猛，可把种子及黏液喷射出十几米远。因为其力气大如放炮一般，所以人们又称它为"铁炮瓜"。喷瓜的特性很让人好奇，但其黏液有毒，不能沾染到。

● 种子喷射而出。

喷瓜示意图

● 果实内部充满黏性的液体，压迫果实。

▶ 果实在脱落果柄的瞬间，种子即会喷射。

第六章 非比寻常的植物——植物之最

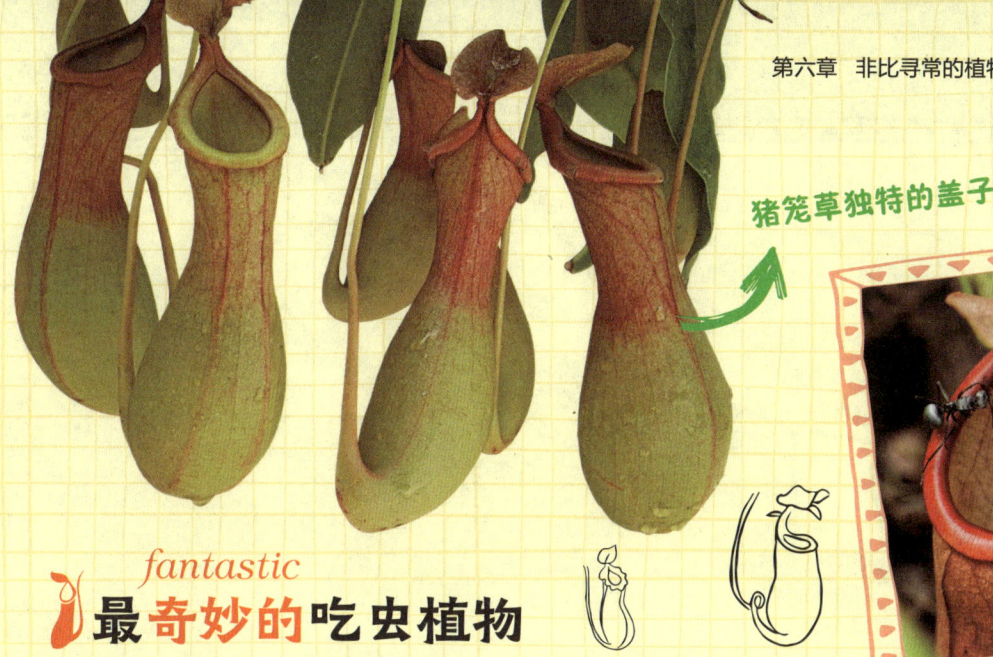

猪笼草独特的盖子和捕虫笼

fantastic 最奇妙的吃虫植物

你知道有一种会吃虫子的植物吗？它有着圆圆的肚子，形似猪笼，所以也叫猪笼草。其实自然界会吃虫子的植物有很多种，而猪笼草就是最有代表性的一种，它可是捕食昆虫的高手。猪笼草叶子长得很特别，它的叶端有一个捕虫笼，还有个盖子，盖子下面能分泌香味，笼内分泌蜜汁，是饱含酶和酸的"死亡之池"，以引诱蚂蚁等昆虫。

当这些贪嘴的昆虫被那些蜜汁吸引过来，落到光滑的笼口，就会栽倒到猪笼草的"肚子"里，也就是捕虫囊里面，这些昆虫的身体会被捕虫囊里面的黏液粘住，被分解，从而变成猪笼草赖以生存的营养物质，就这样一点点被猪笼草"吃掉"了。

hunt 捕食最快的食肉植物

水生狸藻类植物利用吸水性囊捕捉昆虫、小型甲壳类动物甚至小蝌蚪，它们的捕虫囊一般是绿色或黄绿色，可以将这些小生物吸入囊中，并消化吸收。它们一般生长在湿地、池塘或淡水中。有一种南方狸藻的诱捕时间只有5.2毫秒，但9毫秒是更常见的时间。

我的捕食囊可以吸入昆虫，让我饱餐一顿！

陆地上捕食最快的食肉植物是澳大利亚的橡子茅膏菜，它的"触须"使它能在75毫秒内捕捉到苍蝇和蚂蚁等小昆虫。这些快速移动的触须能将昆虫弹射到较短的触须上，较短的触须上覆盖着一种类似胶水的物质，于是昆虫就被粘住了，之后被送到茅膏菜的中心去消化。

橡子茅膏菜

最old古老的树

银杏树早在3.45亿年前就已经出现在地球上了。后来，由于发生了冰川运动，地球突然变冷，使得绝大多数银杏都濒于绝种，只有中国的自然条件优越，才使它们奇迹般地存活了下来。因此，科学家们把银杏叫作"活化石""植物界的大熊猫"。

人们根据银杏树果实、叶子的形状和寿命长的特点，又把它分别叫作白果、鹅（鸭）掌子和公孙树。银杏树高大挺拔，姿态优美，叶子像一把把张开的小扇子，春夏两季是翠绿色的，深秋时呈金黄色，是非常理想的园林绿化树种。它同松树、柏树和槐树一起，被列入中国四大长寿观赏树种。银杏树适应性很强，是一种很容易生长的树木，它们对气候和土壤的条件都不太挑剔。而且，银杏树还可以抵抗烟尘、火灾和有毒气体，不污染环境，是一种著名的无公害树种。

● 白果

第六章 非比寻常的植物——植物之最

🌲 最高大的树 *tall*

北美红杉又称"长叶世界爷"。

美国加利福尼亚州的红杉树国家公园保护着世界上近一半的老红杉。这里有棵北美红杉，长得又高又大，是树木中的"巨人"，名叫"亥伯龙"，截至2019年生长高度已超过116米，成为世界上最高的树。还有棵最著名的"谢尔曼将军树"，高约84米，基部直径11米，树龄已达3500多年，有"世界树王"之称，是当今体积最大的树。

北美红杉的树桩非常大，大得可以用来当作一个小型的舞台。若在其树干下开一个大洞，汽车都可以从中驶过。北美红杉还可以用来做枕木、电线杆等，是建筑上的好材料。

北美红杉的树干呈玫瑰般的深红色，生长速度很快，生命力极强。

thick 最粗的药用树

猴面包树生长在非洲东部辽阔的热带草原上。这种树木质中空，呈海绵状，因此里面可以贮存大量的水分，就像一个不会枯竭的大水箱。由于它的果实深受猴子的喜爱，因此被人们形象地称为"猴面包树"。

这种树的树皮、叶子、果实都可供药用，且"身材"特殊：树干粗得出奇，平均直径即已超过10米，最粗的一株树干基部直径竟达16米，30个成年人手挽手才能围其一周。它是目前世界上最粗的药用树木，被称为"药材大王"。

猴面包树的树冠巨大，树权干奇百怪。

夕阳西下，一棵棵笔挺的猴面包树像战士一般守护着大地。

猴面包树高大粗壮的树干矗立在土路两边，就像雄伟的古罗马圆柱一般。尤其在傍晚或星空下，猴面包树大道显得格外神奇，仿佛童话世界一般美妙。

reservoir
🌳 贮水本领最强的树

南美洲的大草原上有一种纺锤树,它们看起来就像一个个大萝卜,不过要比大萝卜大好多倍。纺锤树高可达30米,树干最粗的地方直径可达5米,通火车的隧道只能勉强容纳下它那放倒的身躯。

纺锤树的"头顶"上只长有几根枝条,上面长着叶子。从远处看,纺锤树就像一个插着枝条的大花瓶,因此人们又叫它们瓶子树。

纺锤树是世界上最能贮存水的树木,树茎里可贮存两吨多的水。每当旱季来临时,人们常将纺锤树砍倒,用它贮存在树干里的水作为饮水的来源。如果以每人平均每天饮3千克水来计算的话,一棵纺锤树贮存的水可供一个四口之家饮用半年了。

像瓶子一样的纺锤树,是个贮水冠军。

grow
🌳 生长速度最慢的树

自然界中的树木真是千差万别,这种差别也体现在生长速度上,有的快得惊人,有的慢得出奇。非洲的卡拉哈里沙漠中生长着一种名叫尔威兹加的树木,它们的个子非常矮,整个树冠是圆形的,从上向下看,就像是一张摆在沙地上的小圆桌。

尔威兹加树是世界上生长速度最慢的树,慢到100年才能长高30厘米,所以你永远不可能看到一棵尔威兹加树从小树长成参天大树。

尔威兹加树为什么生长得这么慢呢?原来,除了其本性以外,还由于它生长在沙漠中,而沙漠里天气干旱,雨水稀少,风又大,这些条件都在客观上抑制了尔威兹加树的生长。

最大的叶子 leaf

有一种叫王莲的植物，它的叶子圆圆的，铺在水面上，直径有2米多，最大的可达4米。叶子向阳的一面是淡绿色的，非常光滑，背阳的一面是土红色的，密布着粗壮的叶脉和刺毛，看起来非常结实。王莲叶子的边缘向上卷起，就像一只浮在水面上的大平底锅。如果在叶面上均匀地平铺一层黄沙，那么这个"平底锅"也会一直浮在水面上，根本不用担心它会沉到水里去。

这么大的一片叶子，一个35千克重的孩子坐在上面也完全不会有问题。王莲的叶子可以说是水生植物中最大的了。

在陆生植物中，还有一种比王莲更大的叶子，那就是生长在智利森林里的大根乃拉草（大叶蚁塔）。大根乃拉草的一片叶子能把一个骑马的人连人带马都遮盖住。当人们野营的时候，有3片这样的大叶子就足够盖一个四人住的帐篷了。

你们看我这样子，像不像一口平底锅？

巨大的大根乃拉草

🌱 *plant* 植物界的最大家族

被子植物是当今世界植物界中种类最多、分布最广的植物类群，数量庞大，进化地位高，是植物界中高等的类群。全世界有300~450个科（各个分类系统科的概念不同）、25万种，超过植物界总数的一半，大多数科分布在热带，2/3的种限于热带或其邻近地区。中国约有2.5万种，分隶于291科和3050属。

被子植物的形态多种多样，与人类有着密切的关系。被子植物有根、茎、叶、花、果实和种子，而花是被子植物独具的主要特征，所以被子植物也称有花植物。被子植物可分为单子叶植物和双子叶植物，常见的单子叶植物有水稻、玉米、香蕉、水仙等。我国的被子植物可提供食物的达2000余种，果树有300多种，花卉植物数不胜数。

我们可以根据叶片的脉序、根系的类型和花的形态来区分单子叶植物和双子叶植物，水仙的叶片为平行脉序，为单子叶植物。

🌵 *cactus* 最高的仙人掌

仙人掌的家乡在以墨西哥及中美洲为中心的美洲热带、亚热带沙漠或干旱地区。大多数仙人掌的高度在0.5~2.5米之间，茎上长满刺。

在干旱缺水的沙漠里，仙人掌却能够顽强地生长，这是因为它们有着独特的"抗旱能力"。为了适应沙漠干旱的环境，仙人掌的叶子退化成针状，也就是仙人掌身上的"刺"，以此来减少水分的蒸发。同时仙人掌还有着庞大的根系，能够汲取更多的水分。

在仙人掌家族中，成员们形态各异，有的长成球形，被称为仙人掌球，有的长成圆柱形，叫仙人掌柱，有些甚至长得比人还要高。

在墨西哥有一株大仙人掌，高17.69米，"体重"达10吨。这样一个庞然大物，把它砍倒的话，需要一辆大卡车才能将它运走。可这还不是最高的仙人掌，世界上最高的仙人掌挺立在美国的亚利桑那州，高达23.77米，令人称奇。

仙人掌的扁茎还是有用的药草。

- 刺是肉质植物的变态叶
- 输导组织 维管柱
- 贮水的薄壁组织
- 根

仙人掌结构图

眼睛可以欣赏风景，耳朵可以听音乐，嘴巴可以品尝人间美味，身体使我们具备生活的各种能力。人体就像一架非常精密的仪器，藏着许多奥秘。同时人类的潜能也在不断开发，创造出一个又一个奇迹，令人叹为观止。

第七章 最具智慧的生命——人类之最

人体最大的器官 *human body*

皮肤是人体最大的器官。一个成年人体表皮肤的面积可以达到1.5～2平方米，新生儿为0.5平方米。皮肤的总重量约占人体重的16%。

皮肤柔软坚韧，有着能缓冲外界的刺激和击打、防止体内水分过度蒸发、排出汗液调节体温等作用，细菌很难突破健康皮肤的屏障。人的皮肤一旦受到损害，后果将十分严重。如果一个人的皮肤表面被烧伤的面积达到或者超过了人体皮肤总面积的30%，就有可能会引起休克，严重的甚至会危及生命。

人体最大的细胞 *cell*

卵细胞是女性体内的生殖细胞，也是人体最大的细胞，呈球形，直径约为0.2毫米，有一个核，由卵黄膜包着。卵细胞并不是女性在发育成熟后才会产生的。一个女性在还未出生前，卵巢中就已经存在卵细胞了，数量可以达到数百万个。经过婴幼儿时期、青少年时期，到成年时，一个女性体内卵细胞的数量大约只有10万个左右。

一位女性一生能够产生的成熟的卵子数量约500个，其余的卵细胞便自生自灭了。

无数精子正在"进攻"一个卵子。

人体最坚硬的部分
hard

牙齿的牙冠部分是由牙釉质、牙本质、牙髓组成的。牙釉质又称珐琅质，质地十分坚硬，是一层白色透明的组织，它包裹在牙冠的外面，可以起到保护牙本质和牙髓的作用。牙釉质是人体最坚硬的部分。

完全硬化的牙釉质无机物的含量非常高。可以达到95%以上。虽然牙釉质很坚硬，但它很容易被酸性物质腐蚀。如果一个人长期食用含酸性成分高的食物，牙齿表面的牙釉质就会脱钙，使牙釉质受损。牙釉质一旦受损，不可再生，只能使用代替物质进行修复。所以，一定要注意口腔卫生，在正规的医院医治牙病，尽量避免使用四环素等药物，以免牙釉质受到损伤。

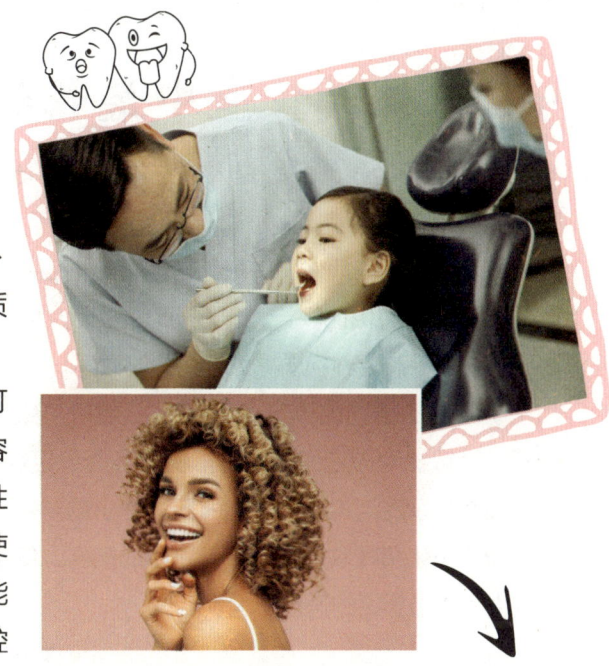

人出生后6个月开始长出乳牙，6岁时乳牙逐渐脱落，再长出新牙，称为"恒牙"，成人一般有28~32颗恒牙。

人体最细小的血管
blood vessel

与动脉和静脉不同，毛细血管是非常细微的血管，管壁很薄，血流很慢，平均管径只有6~9微米，一般仅能容纳1~2个红细胞通过。它连于动脉和静脉之间，是人体内最细小的血管，也是血液与周围组织进行物质交换的主要部位。

毛细血管数量很大，在人体内分布很广，除软骨、角膜、毛发上皮和牙釉质外，遍布全身。

毛细血管有较高通透性。血液中的氧气、营养物质和组织中的二氧化碳、代谢产物都可以很轻易地通过毛细血管管壁进行交换。

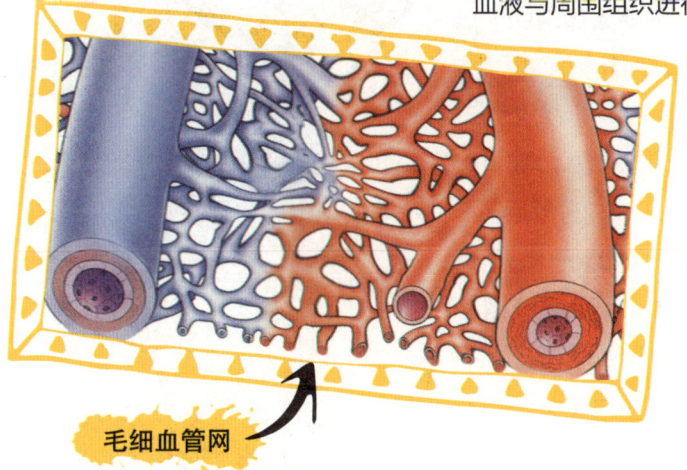

毛细血管网

人体**消化道**中最长的器官
digestive tract

人体内脏示意图

小肠是肠的一部分，是人体主要的消化器官和吸收器官。人的小肠上起幽门，下止于回盲瓣。成年人的小肠全长约5~7米，是人体消化道中最长的器官。相应地，食物在小肠内停留的时间也比较长，一般可以达到3~8小时，这为小肠消化和吸收营养物质提供了充分的时间。

小肠内的小肠黏膜具有许多环形皱褶、绒毛和细小的突起——微绒毛。它们使小肠黏膜的表面积足足增加了几十倍，如此复杂的结构和巨大的面积，为小肠对各种营养物质的消化和吸收创造了得天独厚的条件，使小肠成为人体最重要的消化、吸收器官。

● 肺

● 食物的消化和营养的吸收发生在小肠内。

● 肝脏是维生素、蛋白质和糖原的储存地，参与新陈代谢，并负责解毒有害物质。

人体最大的解毒**器官**
organ

肝脏是人体内脏中最大的器官，位于人体的腹部，胃的上方。成年人肝脏的平均重量约为1.5千克。

肝脏还是人体最大的解毒器官，能够使人体内的有毒物质得到改进后，再排泄到体外，从而起到解毒作用。寄生在人体肠道内的细菌腐败分解时，会释放出氨气，而肝脏可以将氨转变为尿素排泄出体外，避免人体发生中毒现象。肝脏还能将酒精在人体内分解后形成的有毒物质乙醛氧化为醋酸而祛除。但如果一个人饮酒过量，超出了肝脏的代谢、解毒能力，就会造成酒精中毒，严重的酒精中毒会危害人的生命安全。肝脏还能将人们服用的药物进行解毒处理，使有毒的药品变为水溶性物质，通过尿液或粪便排出体外。

nerve center
人体最高级的神经中枢

大脑皮层掌管人们的学习、记忆、情绪等。作为人体最高级的神经中枢，这里分布着约140亿个神经元。在这些神经元周围，还分布着约1000亿个胶质细胞。成年人脑的平均重量约为1400克。

人类的大脑皮层表面有许多沟、回。这些凹凸不平的沟、回极大地增加了大脑皮层的表面积。如果把一个人的大脑皮层剥下来并展平，形成的灰色物质层有半张报纸那么大。一只黑猩猩的大脑皮层只有一本32开的书那么大；猴子的大脑皮层更小一些，只有一个信封那么大；而老鼠的大脑皮层则小得可怜，只有一个成年人的指甲盖那么大。

● 大脑皮层
● 小脑
● 脑干

大脑结构示意图

有研究表明，科学家爱因斯坦的大脑皮层更薄，脑细胞更多。

global voyage
最早环球航行的人

麦哲伦

葡萄牙在15世纪开启并引领了伟大的大航海时代，诞生了一大批航海家，人们熟知的是达·伽马和麦哲伦。麦哲伦和其船队更是完成了人类历史上的第一次环球航行。1519年9月，在西班牙王室的支持下，麦哲伦率领270个水手、5条船组成的船队从西班牙出发，横渡大西洋，11月到达巴西东海岸。1520年10月，他们发现了麦哲伦海峡，接着在风平浪静的海洋行驶了110多天，也没遇到狂风大浪，麦哲伦将其称为"太平洋"。

1521年，麦哲伦船队在菲律宾遇到了叛乱，麦哲伦被土著人杀害，最后麦哲伦船队的一艘船"维多利亚号"在船长胡安·塞巴斯蒂安·埃尔卡诺指挥下，于1522年9月6日返回抵达西班牙塞维利亚，完成了第一次环球航行。

麦哲伦船队这次环球航行证明了"大地球形说"理论的正确。

> 1492年10月12日,哥伦布登陆美洲。激动的他把帽子丢在地上,手持西班牙王室旗帜,宣布这个岛属于他的西班牙赞助人。

Atlantic Ocean 最早成功横渡大西洋的人

哥伦布是意大利探险家、航海家,大航海时代的先驱人物,他最早成功横渡了大西洋,也是第一个到达美洲的欧洲人,开辟了横跨大西洋到达美洲的新航路。

1492年8月,哥伦布受西班牙国王派遣,开始向西航行。他一直相信"地圆说",认为从欧洲向西航行可抵达印度和中国。哥伦布率领着他著名的远征船队就这样于1492年10月第一次停靠在加勒比海北部一个海岸(即现巴哈马群岛中的一个小岛)时,欧洲人第一次发现了美洲新大陆。但由于哥伦布最初错误地以为自己到了亚洲东海岸的印度,所以把当地人称为印第安人。随后,哥伦布又三次横跨大西洋出航美洲。可以说,新大陆的发现,是人类进入大航海时代后最伟大的成就之一。

第七章 最具智慧的生命——人类之最

最早登上珠穆朗玛峰的人
Mount Qomolangma

1953年5月29日上午11:30，新西兰人埃德蒙·希拉里和来自尼泊尔的向导丹增·诺尔盖从珠穆朗玛峰南坡登上世界最高峰珠穆朗玛峰，完成了历史上第一次攀登珠峰的壮举。这是埃德蒙·希拉里第14次向珠峰发起挑战，终获成功。值得一提的是，珠穆朗玛峰位于中国和尼泊尔边境线上，由于地壳运动，珠峰仍在不断"长高"，2020年，珠穆朗玛峰的最新高度正式官宣，为8848.86米！如今，珠穆朗玛峰仍在吸引一批又一批攀登者挑战自我。

在位时间最长的女王
queen

伊丽莎白二世女王（英国，1926年4月21日出生）于1952年2月6日继承王位，2022年9月8日去世，终年96岁，成为在位时间最长的女王。直到去世，她已经在位70年。

印有伊丽莎白二世头像的钱币

 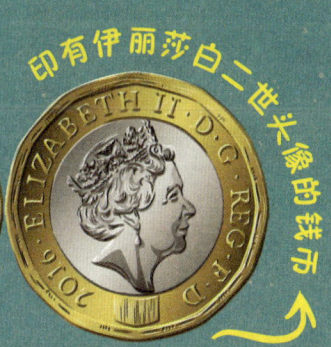

伊丽莎白二世女王是已故英王乔治六世的长女，曾任英联邦元首、国会最高首领，曾入选《福布斯》2016年度全球最具影响力100名女性，排名第29位。

第八章

独具风格的建筑——建筑之最
Du Ju Fengge De Jianzhu—Jianzhu Zhi Zui

与大自然的鬼斧神工相比，人类的杰作一点儿也不逊色。从人类修建第一座房屋开始，建筑物出现了，它是人类智慧的结晶，也是人类创造的与大自然交相辉映的奇迹。从遥远的古代到现在，人类缔造了一个个建筑神话。

最古老的石拱桥 stone arch bridge

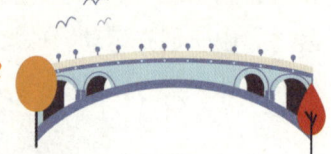

位于河北省赵县城南洨河之上的赵州桥是现存最古老的大跨径石拱桥，创建于隋代，出自著名的桥梁工匠李春之手。赵州桥为单孔桥，拱圈由28道并列的拱券构成，全长64.4米，桥面宽约10米，没有桥墩，直接建在两岸的砂石上。

赵州桥的左右两边各设有两个小拱，四个小拱不仅节省了石料，减轻了桥身重量，而且使桥看起来更为美观。洪水来临之际，河水除了从大桥洞流过外，还可从这四个小拱"穿桥而过"，这也是赵州桥经历了洪水千余年的冲刷依然屹立不倒的原因之一。正是这些别出心裁的设计和独特的建造工艺使赵州桥驰名中外。

欢迎来到赵县赵州桥！

第八章 独具风格的建筑——建筑之最

最长的建筑物 *architecture*

长城是震撼世界的文明奇迹，是世界上最长、最大的人造建筑物。长城始建于战国时期，是各国为相互防御而修建。秦始皇统一六国后，将秦、赵、燕三国沿北侧边境所筑长城予以衔接、增补，连贯为一。古址西起临洮（今甘肃岷县），北傍阴山，东至辽东，俗称万里长城。保存较完整的为明代所建，东起山海关，西到嘉峪关，较著名的有八达岭长城、慕田峪长城等。

最早修筑长城的是楚国，修筑时间大约在公元前7世纪。其后各代都曾经大规模修筑或增筑长城。明代是最后一个修筑长城的朝代，其修筑规模之宏大，防御组织之完备，所用建筑材料之坚固，都远远超越了以前的各个朝代。万里长城是人类文明史上的一座丰碑。

最长的桥 *long*

丹昆特大桥

2011年正式开通运营的中国丹昆特大桥是目前世界上最长的桥梁，全长约164.8千米，位于中国京沪高铁南段的江苏省境内，长江南岸。西北连江苏省丹阳市，东南接江苏省昆山市，途径常州、无锡、苏州，与苏南长江江段平行。

丹昆特大桥2008年4月开始灌注首根桩，2009年5月24日完成桥梁架设，2010年11月6日完成铺轨工作，2011年6月30日正式开通运营。大桥本身也是京沪高铁建设中难度最大、投资最多的重点控制性工程，雇用1万人，耗时3年建成。

palace 最大的宫殿群

北京故宫是中国明、清两代24位皇帝的皇宫，旧称紫禁城，位于北京中轴线的中心，是一座"城中之城"。宫城内有大小宫殿70多座，房屋9000多间。整个紫禁城金碧辉煌、庄严绚丽，是中国古代宫廷建筑的精华，也是世界规模最大、保存最完整的木质结构建筑群。1914年故宫的前部设立古物陈列所，1925年故宫的后部设立故宫博物院，1947年两者合并，统称"故宫博物院"。院内陈列着中国各个朝代的艺术珍品，是中国最丰富的文化艺术宝库。1987年被列入《世界遗产名录》。

太和殿前的丹陛上立有一只青铜铸造的铜鹤，引颈昂首，姿态飘逸，象征江山永固。

故宫三大殿之保和殿，明朝皇帝大典前常在此更衣。

古代宫殿庙宇的屋顶正脊两端，往往都要装饰两只吻兽，紫禁城也不例外。太和殿龙吻高达3.4米，重4.3吨，由13件琉璃件构成，是故宫最大的龙吻。

第八章　独具风格的建筑——建筑之最　113

最大的城市中心 square 广场

世界最大的城市中心广场就是中国北京的天安门广场。天安门广场南北长880米，东西宽500米，面积达40万平方米，可容纳100万人举行盛大的集会。广场中央是人民英雄纪念碑，广场西侧是人民大会堂，南侧是毛主席纪念堂，东侧是中国国家博物馆。

天安门广场因坐落在广场北端的天安门城楼而得名。天安门城楼始建于明永乐十五年（1417年），城门五阙，现高34.7米，建在高十余米的红白墩台上，墩台下是2000多平方米的汉白玉基座，城楼前面是金水河，5座汉白玉金水桥横跨其上，蔚为壮观。1949年10月1日，毛泽东主席在这里举行了中华人民共和国开国大典，天安门由此被设计入国徽，并成为中华人民共和国的象征。

壁画最多的石窟 grotto

公元366年，一名叫乐僔的高僧路过敦煌鸣沙山，看到山上金光闪耀，于是请工匠在此开凿佛窟。经历代修建，唐代时已有1000多个洞窟（现存735个），被称为"千佛洞"。莫高窟以精美绝伦的壁画（4.5万平方米）和塑像（3000多尊）闻名于世，是世界上现存规模最大、内容最丰富的佛教圣地，被称作"东方罗浮宫"。随着藏经洞的开启，诸多国内外学者争相投入到对莫高窟的研究中，由此形成了一门新的学科——敦煌学。

莫高窟已被列入《世界遗产名录》，其中飞天壁画更是精美绝伦。

规模最大的祭祀建筑 scale

中国历代都有祭天的传统，天坛就是中国明清两代皇帝举行祭天大典、祈求五谷丰登的场所。天坛在故宫的正南偏东方向，占地面积接近四个故宫那么大。

天坛北部围墙为圆形，南部是方形，象征着天圆地方。天坛的主要建筑有圜丘坛、皇穹宇、祈年殿、皇乾殿等，是世界上现存规模最大的祭祀建筑。

天坛以其恢宏且具有高度艺术成就的建筑，震撼着人们的心灵，是中华民族留给世界建筑史的一大奇迹。

天坛祈年殿是一座镏金宝顶、蓝瓦红柱、金碧彩绘三重檐的圆形殿宇，明清两朝的皇帝就在此祭天祈谷。

第八章 独具风格的建筑——建筑之最

altitude 海拔最高的宫殿

在拉萨，有这样一座神秘而宏伟的宫殿，无论你站在拉萨的哪一个角落，抬眼都能望见它高大伟岸的身影。它就是布达拉宫，世界上海拔最高的宫殿。

布达拉宫矗立在拉萨西北角玛布日山上，几乎占据了整座山峰，相传最初为公元7世纪时松赞干布为迎娶文成公主而建，后被损毁，直至清顺治二年（1645年），五世达赖喇嘛将其重建，始具今日规模。布达拉宫宫殿和走廊的墙壁上都绘满了精美的壁画，宫内收藏了大量的珍宝文物，具有极高的艺术价值，有"世界屋脊上的明珠"之称。1994年12月，布达拉宫被列入《世界遗产名录》。

由于历史上西藏地区政教合一的特殊制度，布达拉宫既是一座宫殿，也是藏传佛教的神圣之地。

national park 最早的国家公园

黄石国家公园建立于1872年，是世界上最早建立的国家公园，因位于黄石河的源头而得名。黄石公园主要位于美国西部怀俄明州的西北角，小部分伸入蒙大拿州和爱达荷州境内。公园占地面积8983平方千米，园内地貌多样，湖泊、峡谷、瀑布、河流和山脉一应俱全。

黄石河自南向北穿过黄石公园，流经公园内最大的湖泊——黄石湖。黄石湖面积339平方千米，湖面海拔2357米，是北美洲海拔最高的湖泊。黄石火山是北美最大且今仍处于活跃状态的"超级火山"，在过去200多万年中，它曾三次以毁灭性的力量爆发。

黄石公园的牵牛花池是一处地热泉，泉水内含有各种金属离子，在阳光的照耀下，清澈的泉水透出碧绿的颜色，而金黄色的外缘则更加鲜艳，犹如一朵盛开的牵牛花。

最大的 金字塔 *pyramid*

金字塔是埃及的象征，是古埃及奴隶制法老时期法老（即国王）的陵墓。到目前为止全埃及共发现金字塔90余座，分布在尼罗河畔。规模宏大的金字塔大多修建于古埃及第三王朝到第六王朝（前2686—前2181）的古王国时期，其中最著名的当属第四王朝第二代法老胡夫的金字塔，这座金字塔也是现存规模最大的金字塔，被誉为"世界七大奇迹"之一。

胡夫金字塔四面分别正对着东、南、西、北四个方向。其现高136.5米，每边长232米，由大小不等的230万块巨石组成，今仍矗立于开罗近郊吉萨。让人惊奇的是，巨石之间不用任何黏合物，却一点儿缝隙都没有。

> 哈夫拉金字塔近旁雄踞着一尊高约20米的岩石雕像，即像金字塔一样著名的古迹"狮身人面像"。

据说1798年拿破仑占领埃及时，曾下令用重炮轰击胡夫金字塔东侧的狮身人面像，结果狮身人面像岿然不动。他激励他的将士们说："看吧，在你们的身后，40个世纪注视着你们！"胡夫金字塔的工程浩大，结构精细，被称为人类历史上最伟大的石头建筑。

> 我是古埃及历史上最美的王后奈费尔提蒂。

包厢层数最多的 *theater* 剧院

意大利米兰的斯卡拉剧院拥有6层包厢，是世界上包厢层数最多的剧院，这座著名的歌剧中心已经有200多年的历史了。由于剧院的原址是斯卡拉圣马力亚教堂，所以得名"斯卡拉剧院"。

斯卡拉剧院金碧辉煌，非常华丽。观众席由座池、包厢及回廊组成，整个剧场大约能容纳3600名观众。剧院的中心还悬挂着一盏非常耀眼的大吊灯，造型之精美令人叹为观止，吊灯由300多盏小灯组成，更显华贵。直至现在，斯卡拉剧院仍是完美建筑的典范。

斯卡拉剧院是意大利歌剧的象征。

现存最早和最长的 *water channel* 水槽

世界上现存最早的水槽距离今天已经有两千多年的历史了。约公元前19年，古罗马人为保证城市居民饮水供应充足，建造了一条全长50余千米的水槽，其中保存完好的一段位于今天法国境内的尼姆附近，它就是架设在加尔河上的加尔桥。

加尔桥长达275米，高约50米，就地取材以当地石灰岩建造。桥上下共有三层，其中下层是人行桥，上层是水渠。1985年7月，加尔桥被联合国教科文组织列入《世界遗产名录》。

突尼斯迦太基水槽是古代最长的水槽，当年古罗马人在哈德良统治的时候建造了这座水槽。迦太基水槽全长141千米，到19世纪末的时候还存有344个拱门。

壮观的加尔桥

迦太基水槽

最古老和最大的方尖碑 *obelisk*

方尖碑是古埃及的一种纪念碑，碑体高大，呈四面锥形。方尖碑在古埃及的宗教中扮演着重要角色，通常被放置在寺庙的入口处。

世界上现存最古老的方尖碑是位于埃及开罗东北赫里奥波利斯市的马萨拉方尖碑，它是古埃及第12王朝时期的辛努塞尔特一世（前1971—前1926）建造的，碑身为红色花岗岩，高21米，重120吨。而世界上最高的古埃及方尖碑则是竖立于意大利罗马拉特兰大教堂西侧广场的拉特兰方尖碑，碑高32米，重约330吨，是古埃及法老图特摩斯三世（约前1504—前1450）为纪念其父亲而建造，完成于图特摩斯四世时期，最初竖立于卡纳克神庙，公元357年，该方尖碑被运到罗马。

赫里奥波利斯又称"太阳城"。

卡纳克神庙前矗立的方尖碑，雄伟高大，由一整块巨石打造，外形呈尖顶方柱状，由下而上逐渐缩小，顶端似金字塔尖。碑身上刻有古埃及的象形文字。

最大的宗教建筑群 *religion*

柬埔寨吴哥城南的吴哥窟是世界上最大的宗教建筑群。吴哥窟是世界八大奇迹之一，建于公元1113—1150年间，占地45平方千米。

由于吴哥王朝的国王们相信他们死后会成为神，所以他们在生前都竭尽所能地建造庙宇，所以就留下了今天这个有600多座寺庙和宫殿的巨大建筑群。吴哥窟是用砂石砌成的，它的周围有石砌的内、外墙各一道。吴哥窟的主殿建在长215米、宽187米的三级台基上，殿上有5座尖塔，中间的一座最高，塔顶距地面有65米。

吴哥窟是吴哥王朝最强盛时期的象征。据记载，公元1357年时，吴哥窟有僧民多达9万人。1431年时，高棉王朝因战争失利和疾病流行，不得不放弃了吴哥窟。

小吴哥是吴哥古迹中保存最好的庙宇，其形象也被印在柬埔寨的国旗上。

第八章 独具风格的建筑——建筑之最

明石海峡大桥

suspension bridge
现今世界上最长的悬索桥

位于日本本州神户至鸣门线上、跨越明石海峡的明石海峡大桥，是日本连接本州与四国两岛的主要桥梁，于1998年正式竣工通车，实现了日本人民一直以来想修建桥梁连接北海道、本州、四国、九州四个岛屿的愿望，是目前世界上最长的悬索桥。

明石海峡大桥于1988年5月正式动工，于1998年4月建成通车，历时10年。大桥全长3910米，主塔高度为297米，桥面宽35米。主桥原本设计主孔跨度为1990米，然而在1995年桥面吊装期间，受到里氏震级7.2级阪神大地震的影响，一个塔墩移动了近1米，主孔的跨度也随之增加了1米，变为1991米。

明石海峡大桥的主梁桁架为钢丝束制成，桁架上层设有6车道，下层设有通信线路、输电线路和自来水管路，神户一端的桁架内还建有观景设施。

最大的古代圆形剧场
amphitheatre

位于意大利首都罗马的弗拉维圆形剧场是世界上现存最大的古代圆形剧场。据记载，公元70～82年，古罗马时期弗拉维王朝的创立者韦斯巴芗为了纪念征服耶路撒冷而强迫几万名犹太人建造了这座大剧场。古罗马帝国统治者在此以驱使奴隶相互搏斗或同猛兽搏斗为娱乐。

这座大剧场真实的形状呈椭圆形，其中长轴长188米，短轴长156米，周长达到527米，占地约2万平方米。整个弗拉维圆形广场分为上下四层，同样为椭圆形的舞台位于剧场的中央。

圆形剧场四周都有看台，可容纳5万多名观众。

保存最完整的古罗马建筑
ancient Roman architecture

位于意大利罗马古城中心的万神殿，是世界上保存最完整的古罗马建筑。始建于公元前27—前25年，是由古罗马统帅M.V.阿格里帕兴建的矩形神庙，后由罗马皇帝哈德良于公元120—124年间重建了由矩形门廊加一个圆形神殿的万神庙，因供奉罗马司掌天地诸神，故有"潘提翁"（万神）之称。7世纪后改为基督教堂。

万神殿平面呈圆形，直径43.4米，上覆半球形穹隆，穹高与直径同，且没有任何支撑物。圆形穹顶顶部有直径8.9米的圆形采光口，象征着神性与人性的交相辉映。正面是16根玫瑰色罗马科林斯柱式门廊，整体呈现出典型的罗马建筑风格。万神殿里埋葬着许多伟大的意大利艺术家，其中最知名的人物有拉斐尔。

> 万神殿可以说是圆顶建筑的鼻祖，是奥古斯都时期的经典建筑。

世界上最古老的斜塔
ancient

说到斜塔，也许大家首先想到的是意大利的比萨斜塔，但你知道世界上最古老的斜塔是在中国吗？

坐落在中国江苏苏州虎丘山上的虎丘塔是世界上最古老的斜塔，已矗立千年，从五代十国时的吴越时期就开始建造，直到北宋建隆二年（961）才修建完成。虎丘塔是一座斜塔，塔身由砖砌成，高47.5米，八角七层，飞檐斗拱，每层塔都有平座、腰檐、斗和门窗。塔身造型端庄，由底部向上逐层收缩，塔内曾出土过大批五代十国至北宋时期的文物。每值深秋，苍鹭绕塔旋飞，映以彩霞，别样壮美。

虎丘塔建在山上的塔基不稳，到第七层时开始倾斜，比世界著名的比萨斜塔还要早200多年。

> 虎丘斜塔塔身向东北方向倾斜，平均每年倾斜2毫米，后加固维修后基本稳定。

Buddhism
最大的佛教金塔

仰光大金塔之于缅甸的意义，犹如长城之于中国，金字塔之于埃及，泰姬陵之于印度。它已经有千余年的历史，缅甸人将它视为圣地，它是缅甸的国家象征，与印度尼西亚的婆罗浮屠塔和柬埔寨的吴哥窟一起被称为"东方艺术的瑰宝"。

大金塔非常壮观，呈钟形，塔身贴着上千张纯金箔，据说所用的黄金有7吨多重，超级奢华。塔四周有上千个金铃、银铃，风儿一吹，铃铛齐响，声传四方。

> 仰光大金塔始建于公元前6世纪，塔身高112米，周围有64座小塔和4座中塔，建筑风格各异。

第八章 独具风格的建筑——建筑之最

第一座铁结构高塔 *tower*

著名的埃菲尔铁塔是世界上第一座钢铁结构的高塔,于1887年1月26日开工,经过两年多的时间,终于在1889年3月底竣工。塔身是钢架镂空结构,共用了1.8万多个金属制件,重达9000吨,施工时共钻了700万个孔,用了250万个铆钉。每个部件都被严格编号,所以装配时没出现一点儿差错。

埃菲尔铁塔高300米,但由于其顶部的天线有20米,所以加在一起是320米。铁塔300米高的地方设有气象站,塔的顶部还架有天线,是巴黎市的电视中心。

埃菲尔铁塔的设计师叫埃菲尔,这座铁塔正是以他的名字命名的。埃菲尔铁塔以独特新颖的设计成为世界建筑史上的经典杰作,也成了法国的重要标志之一。人们把埃菲尔铁塔和纽约帝国大厦、东京电视塔一起称为"世界三大著名建筑"。

skyscraper 最高的摩天大楼

迪拜塔位于阿拉伯联合酋长国的迪拜境内，也叫哈利法塔，哈利法塔比高度紧随其后的上海中心大厦高出近200米，是纽约帝国大厦的两倍高。塔内设施齐全，酒店、餐厅、办公场所、豪华公寓应有尽有。

进入迪拜塔内，可以看到迪拜发展史和迪拜风情的介绍，充满异域色彩，还有一处迪拜塔的模型，令人叹为观止。游客可乘电梯来到第148层、高555.7米的户外观景台（也是世界最高的户外观景台），鸟瞰迪拜及波斯湾全景，人工打造的棕榈岛、帆船酒店等尽收眼底，仿佛身处云端。游客可以在这里拍城市全景，也可以下到位于441米处的全球最高的餐厅享用美食。

迪拜塔高828米，共162层，是迪拜的地标建筑。

中国台湾的"台北101"曾经也是世界最高的建筑。

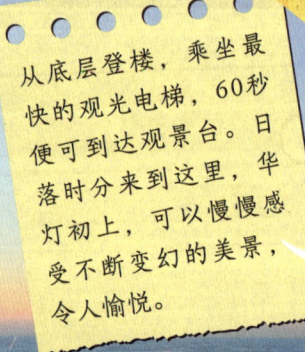

从底层登楼，乘坐最快的观光电梯，60秒便可到达观景台。日落时分来到这里，华灯初上，可以慢慢感受不断变幻的美景，令人愉悦。

wooden pagoda
现存最高的木塔

应县木塔，全名佛宫寺释迦塔，位于中国山西朔州应县的佛宫寺院内，是目前现存最高的木塔。山西素有"中国古建筑博物馆"之称，如今已发现580座古塔，位居中国之首。应县木塔作为现存最高的木结构楼阁式佛塔已有近千年的历史。

应县木塔高67.31米，底层直径30.27米，建于辽清宁二年（1056），是中国现存历史最悠久、最高大的纯木结构楼阁式建筑，在中国建筑史上具有重要的艺术价值和科学价值。它以历史悠久、规模宏大、设计巧妙而闻名于世。应县木塔在外观、平面、内部结构以及琉璃装饰等方面都有着独树一帜的地方，堪称中国古塔之最。

应县木塔经过多次暴雨、地震等自然灾害，也曾在混战中中弹200余发，至今仍巍然屹立。

triumphal arch
最著名的凯旋门

巴黎的凯旋门是世界上最大也最有名气的凯旋门，建于巴黎市中心的戴高乐广场中央，香榭丽舍大街的西端。它是拿破仑在1805年打败了俄国与奥地利的军队后下令建造的，最初叫雄狮凯旋门，是用来纪念法军的赫赫战功的。巴黎凯旋门高约50米，宽45米，厚约22米，中心拱门宽14.6米，非常有气势。

凯旋门四面各有一个门，门上用浮雕记载了历次重大的战役，主要的浮雕是正面的《出征》《凯旋》，背面的《抵抗》《和平》，这四组以战争为题材的浮雕气势磅礴，讲述着法国的历史。

最高的双子塔 twin towers

马来西亚首都吉隆坡的国油双峰塔是吉隆坡的第一地标，是世界上最高的双子塔，它高达452米，有88层，大楼外表大量使用不锈钢与玻璃等材质。在第41和42层中有一座长58.4米的空中连廊连接，整体看起来好像架在地面的一架巨大望远镜，非常壮观。登上塔顶，可以将吉隆坡的美景尽收眼底。双峰塔与邻近的吉隆坡塔同为吉隆坡的知名地标及象征。

在第41和42层之间有一座长58.4米的空中连廊。

世界最大的天主教教堂 church

你知道在哪里能见到教皇吗？那就是梵蒂冈城中的圣彼得大教堂啦！每周日，教皇都会在这里为大众祈福。圣彼得大教堂是梵蒂冈的象征，是世界上最大的天主教教堂。它庄重雄伟，教堂中央的穹顶直径达42米，顶高137.7米，前面是用两排廊柱围绕的巴洛克广场，可容纳6万人。建造整座教堂耗时120年。

这座伟大的建筑是由众多建筑师、艺术家倾尽全力打造而成的。广场的设计者是贝尼尼，教堂内保存着米开朗琪罗、拉斐尔、波提切利等文艺复兴时期许多艺术家的壁画和雕刻，其中《圣殇》、青铜华盖和圣彼得宝座是3件"宝中之宝"。在这里，你既可以欣赏琳琅满目的艺术珍品，又可拾级而上登至教堂的顶端，俯瞰梵蒂冈全景。

圣彼得大教堂华灯初上之时，别有一番温暖的景象。

第八章 独具风格的建筑——建筑之最

🏰 最高的 城堡
castle

欧洲有很多城堡,这些城堡有的是贵族居住地,有的是军事要塞,有的是领地标志,可以说欧洲的城堡不仅历史悠久,造型多样,更有着悠久的历史和动人的传说。而德国的新天鹅堡是最高的城堡,高达65米,建于19世纪,是在其他三座城堡的废墟上建造的,已成为德国的一个地标,是迪士尼睡美人城堡的原型,被誉为"最接近童话的地方"。它是巴伐利亚国王路德维希二世为自己创造的一个"梦的世界"。作为国王,路德维希二世浪漫却不擅交际,一生孤寂,喜欢戏剧。他被瓦格纳的剧本打动,想让天鹅骑士和公主的故事在现实中的奇幻城堡上演,便下令在天鹅城堡的遗址上修建一座白色的童话城堡——新天鹅堡。工程耗费了太多国家财富,引起了王室保守派的不满,这位国王也因此被赶下王位。

美丽的新天鹅堡

迪士尼睡美人城堡

> 新天鹅堡建在海拔约800米的山上,已成为德国的地标。

奇特的建筑

最大的游乐场

美国佛罗里达州的奥兰多迪士尼乐园是大名鼎鼎的迪士尼的总部,也是全世界最大的主题乐园,总面积达100多平方千米,由4座超大型主题乐园、3座水上乐园、32家度假饭店及784个露天营地组成。

最著名的歌剧院

世界著名的表演艺术中心悉尼歌剧院位于澳大利亚的悉尼市,是悉尼市乃至澳大利亚的标志之一。整个歌剧院占地1.84万平方米,1973年竣工,其外形就像三组巨大的贝壳:第一组"贝壳"由四对壳片组成,三对朝北,一对朝南,内部是大音乐厅;第二组形状和第一组差不多,但规模要小一些,内部是歌剧厅;第三组"贝壳"最小,由两对壳片组成,内部是餐厅。歌剧院的屋顶由2194块每块重15.3吨的弯曲形混凝土构成,并用钢缆拉紧,外表覆盖着105万块白色或奶油色的瓷砖。

最大的行政建筑

五角大楼的名字因其外形而来，从空中俯瞰，这座建筑呈正五边形，所以被叫作"五角大楼"。五角大楼坐落在美国首都华盛顿附近的阿灵顿县，这里是美国国防部的所在地。五角大楼共有5层，高22米，占地面积为235.9万平方米，可供2.3万人办公，是世界最大的行政建筑。

最长的汽车专用隧道

位于挪威西部的洛达尔公路隧道于2000年正式通车，东起洛达尔，西至艾于兰，全长2.45万米。洛达尔公路隧道比在此之前世界最长的瑞士圣哥达隧道还要长7592米，是目前世界上最长的公路隧道。洛达尔隧道每小时通过车辆的能力为400辆。但挪威人口较少，这条隧道每昼夜通过车量仅约1000辆，只有圣哥达隧道的1/10。

最大的冰建筑

位于瑞典的尤卡斯耶尔维的冰旅馆是世界上最大的冰建筑物，总面积为5000平方米，和一个大型停车场的面积差不多大。每天晚上，这个冰旅馆里都会接待大约150名来宾。冰旅馆在每年的12月时都要维修一次，它的面积也在逐年增大。目前，这座冰旅馆最吸引人的就是冰雕、电影院、桑拿浴和冰吧。值得一提的是，这里还有世界上独一无二的冰制祈祷室。

文化和艺术照亮了人类历史的时空长廊,在岁月的长河中扮演着光辉的形象,甚至对每个人的生活都产生了一定程度的影响。文化和艺术是人的精神食粮,它在无形中提高了人们对物质产品的审美要求,引起人们对自己生存状况的深刻思索。

第九章 文艺百宝箱——文化艺术之最
Wenyi Baibaoxiang——Wenhua Yishu Zhi Zui

最早的文字 *characters*

世界上最早的文字是苏美尔人创造的楔形文字,大约在公元前2500年经象形符号演变而成。

最开始时,苏美尔人的文字是写在泥板上的。人们在书写时要用芦苇或木棒在泥板上按压,入笔时按压的地方印痕又宽又深,但把它抽出来时会留下细窄的印痕。所以苏美尔人的文字每一笔的开始部分都显得很粗,末尾比较细,这看上去就像人们使用的木楔一样,因此称它为"楔形文字"。

楔形文字泥板

最大的字典 *dictionary*

《汉语大字典》是由中国国务院确定的文化建设的重点科研项目之一,首卷于1986年出版,是中国文字史和字典史上一座不朽的里程碑。该书凝聚了400多位专家15年的心血,收列了5万多字头,对汉字的形、音、义进行了一次全面、彻底的梳理,集国内外汉语字典之大成,集古今汉语言文字研究之精粹,资料极其丰富,被称为"汉字的档案库",具有很高的学术价值,堪称世界上最大的字典。

为了适应不同年龄段的读者,《汉语大字典》有多种版本问世,各版本之间在开本、卷数、字数等各方面都存在差异。

古今文献中出现的汉字,几乎都可以在《汉语大字典》中查到。

《哈利·波特》系列小说均已被改编成电影,并创造了可观的票房收入。

📖 最 best-selling 畅销的丛书

英国人J.K.罗琳创作的《哈利·波特》丛书中的前三部书拥有系列丛书年销量最高的纪录。在《哈利·波特》系列魔幻小说中,主人公哈利·波特是霍格沃茨魔法学校的一名学生。这名戴着眼镜、能骑扫帚飞行的男孩儿与邪恶魔法势力战斗的故事,在全世界掀起了一股魔法旋风。

到2007年7月21日,《哈利·波特》系列丛书共出版了7册,分别为:《哈利·波特与魔法石》《哈利·波特与密室》《哈利·波特与阿兹卡班的囚徒》《哈利·波特与火焰杯》《哈利·波特与凤凰社》《哈利·波特与"混血王子"》《哈利·波特与死亡圣器》。

《哈利·波特与火焰杯》同时也是首次印刷量最大的作品,它的首印量达到480万册。其中,在美国印刷380万册(这相当于普通畅销书的40倍),在英国印刷100万册。到2021年《哈利·波特》系列小说已问世23周年。该系列小说被译成70多种语言,全球总销量已达到4亿册以上。

📖 最大的 百科全书 *encyclopaedia*

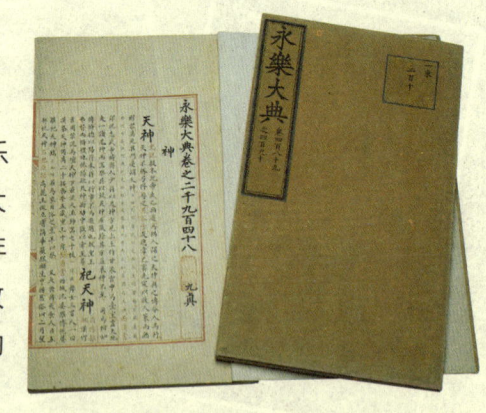

迄今为止，世界上最大的百科全书是中国明朝永乐年间编写的《永乐大典》。《永乐大典》原名《文献大成》，从明永乐元年（1403）开始编修，到明永乐六年（1408）全部完成，明朝政府为整部书花费了大量的人力、物力。

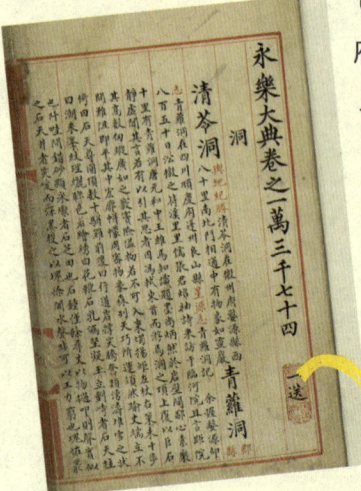

《永乐大典》是一部举世闻名的大型图书，全书共22937卷，其中目录60卷，共11095册，约3.7亿字。这部大型图书内容琳琅满目，涉及经、史、子、集、释藏、道经、北剧、南戏、评话、工技、农艺、医学等七八千种。它上起先秦，下到明初，是中国文化遗产的珍品。

《永乐大典》正本约毁于明亡之际，副本至清咸丰年间也渐散失，现今仅存800余卷散落在世界各地。

📖 最长的 史诗 *epic*

世界上最长的史诗名叫《格萨尔王传》，它有百余部，50万行之长。

《格萨尔王传》以口头传诵的形式保留至今，是人们研究中国古代西部少数民族民风民俗、道德观念、社会历史、民间文化、民族交往等问题的一部百科全书。它代表着古代藏族、蒙古族民间文化与口头叙事传统的最高艺术成就。

英雄史诗《格萨尔王传》以高度的艺术技巧和恢宏的气势叙述了传奇英雄格萨尔王一生的光辉业绩。后来，这部宏伟的史诗流传到了蒙古国、俄罗斯的布里亚特、卡尔梅克地区以及喜马拉雅山以南的印度、巴基斯坦、尼泊尔、不丹等国家和周边地区，这种无与伦比的巨大影响力是非常罕见的。

《格萨尔王传》将格萨尔王的形象塑造得英武神奇，将其塑造成天神的化身。很多地方都有关于他的传说及塑像。图为四川甘孜龙灯草原上的格萨尔王像。

《春》是15世纪佛罗伦萨著名画家波提切利的代表作，画面中间立于花园正中的便是爱与美的女神维纳斯。

"最美丽"的雕像 sculpture

我的手臂哪儿去了？

断臂维纳斯雕像被誉为"世界上最美丽的雕像"，它高达2.04米，由一块半透明的白云石雕成。美丽的维纳斯站在鸡血白纹的白云石石座上，面容甜美，体态丰盈。她虽然缺少了两只手臂，但仍能向人们形象地诠释"美"的含义，是举世公认的艺术珍品。

据专家们考证，这座雕像是公元前150年左右古希腊文化后期的作品。它在1820年被一位叫伊奥尔科斯的农民在米洛斯岛上发现。发现之初，他曾偷偷地将这尊雕像藏起来，可是后来不小心被一个土耳其军官发现了。法国驻土耳其大使闻讯匆匆赶来，花巨资将它买下。现在这尊雕像在巴黎罗浮宫展出。不过，据当事人回忆，维纳斯出土时双臂还是完整的，可是在一次混战中，雕塑的双臂不幸被砸断，自那以后，维纳斯才成了一位断臂女神。

维纳斯是爱与美的女神，掌管人类爱情、婚姻，以美丽著称。很多艺术作品以她为主人公。断臂维纳斯很好地表现了外在美和精神美的和谐统一。

最 *heavy* 重的雕像

美国纽约港入口处耸立的自由女神雕像是世界上最重的雕像。该像由法国雕塑家奥古斯特·巴托尔迪花费10年时间构思并制作完成，重达225吨，从地面到女神高举的火炬顶端高度约93米。这座雕像是法国政府赠送给美国的，当时雕像的钢构件装了210箱，通过一艘名叫"伊泽尔号"的轮船运到纽约。1886年10月28日，美国第22任总统克利夫兰亲自主持了自由女神像的揭幕典礼。自由女神像已成为美利坚民族的象征，表达着美国人民争取民主、向往自由的美好理想。

我是法国为纪念美国独立100周年赠送的礼物。

我左手拿的是一本《独立宣言》。

最高大的 石刻佛像
stone buddha

乐山大佛位于中国西南部的四川省乐山市，雕凿在凌云山的岩壁上，俯视岷江、大渡河，气势雄伟。大佛取弥勒佛坐像造型，依临江峭壁人工凿造而成，又名凌云大佛，是世界上最高大的石刻佛像，历时90年凿刻而成。

大佛巍峨壮观，号称"佛是一座山，山是一尊佛"，正身高71米，头部就有15米，上面雕刻着1000多个发髻。单单一个脚背就宽约9米，长11米，可围坐上百人，是世界上最大的一尊石刻弥勒佛坐像，也是唐代摩崖造像中的艺术精品。大佛左右两侧的崖壁上，还有两尊身高十余米的护法天王石刻，一个手持戈戟，怒目而视，一个身着战袍，呼之欲出。加上数百石刻佛龛，形成了庞大的佛教石刻艺术群。它们历经千年风雨，依然安坐在滔滔江水之畔，静看世间花开花落。

> 大佛发髻与头部浑然一体，实则以石块逐个嵌就。

> 乐山大佛头与山齐，足踏大江，脚背宽大，脚面可以围坐百人。

最名贵的肖像画
portrait-painting

达·芬奇像

《蒙娜丽莎》每年吸引无数的人去罗浮宫参观。

列奥纳多·达·芬奇是文艺复兴时期意大利最著名的艺术家之一,他的杰作《蒙娜丽莎》给人一种"销魂"的力量。

名画《蒙娜丽莎》高77厘米、宽53厘米,作于1503—1506年。这幅油画是世界绘画史上的永恒之作,其"神秘的微笑"已经家喻户晓。达·芬奇通过细腻的笔触与非凡的表现力使人物形象更加生动、饱满,既有现实感又不媚俗。这幅《蒙娜丽莎》本来是达·芬奇为一位富商的妻子所作的肖像画,但后来已不仅是一幅人像写生,而是达·芬奇心中完美的意象。1516年,达·芬奇以1.2万里弗(法国古金币)的价格将《蒙娜丽莎》卖给了法国国王弗朗索瓦一世。目前此画藏于法国巴黎的罗浮宫。

从1962年12月14日至1963年3月12日,该画先后到美国的华盛顿和纽约展出,轰动全美。由于参观的人太多,据说展览会规定每个观众只能在《蒙娜丽莎》画像前停留3秒钟。以后该画又借到日本展览,更加轰动,这次每位观众只能看2秒钟。据专家证实,《蒙娜丽莎》价值1亿美元。如此昂贵的画作让许多保险公司头疼不已,因为如果接下这笔生意,那么派遣安全人员的支出将远远高出保险费的收入。

西斯廷圣母

草地上的圣母

最出色的 圣母像 画家
the Madonna

拉斐尔与达·芬奇、米开朗琪罗被称为文艺复兴时期艺坛三杰,是意大利著名的画家。拉斐尔从小就受到了良好的艺术熏陶,他的父亲是一位宫廷画师,拉斐尔从小就随父学画。后来父亲去世了,他不得不去给一位画家当助手。拉斐尔一边学习,一边揣摩,他认真研究了15世纪佛罗伦萨艺术家的作品,并决定开创自己的艺术道路。21岁时,拉斐尔完成了他的第一件作品——《圣母的婚礼》,平凡的题材由于拉斐尔的机智而彰显不凡。

拉斐尔一生虽然只活了37岁,却创作了近300幅圣母像,显露出非凡的才能。他的一系列圣母画像,都以母性的温情和青春健美而体现了人文主义思想,其中著名的有《西斯廷圣母》《草地上的圣母》《花园中的圣母》《椅中圣母》等。拉斐尔作品集合了各个流派的优点,成为后世古典主义者不可逾越的典范。

拉斐尔自画像

被盗次数最多的绘画作品

伦勃朗是17世纪荷兰最杰出的艺术大师之一，一生中画了大量的肖像画，最擅长的是表现人物复杂的心理活动，喜欢描绘情节和塑造形象，画面变化丰富。他在光线运用方面常采用聚光效果来突出作品主题，善于运用明暗法、厚涂法来刻画形象，表现真实性。伦勃朗早期采用的是尼德兰传统画法，用白色胶底画布、暖的棕色去画素描轮廓。后来因受意大利画家卡拉瓦乔明暗处理的启发，采用灰色底子，用深棕色画素描。他在作品中经常运用暗的背景，与受光对象形成强烈的对比，给观众既强烈醒目又和谐统一的印象。

伦勃朗创作的《雅各布三世的肖像》是世界上被盗次数最多的绘画作品，从博物馆被偷的次数不下4次：有一次，它是在自行车的后座上被发现的；还有一次，它是在墓地的长条凳下被发现的。每次它被偷之后，都被不知名的人还回来，因此，没有人受到偷画的指控。

伦勃朗的绘画作品《雅各布三世的肖像》。伦勃朗在世界绘画史上地位重要，可以和意大利文艺复兴中前期的伟大画家相提并论。

伦勃朗知名代表作《夜巡》

伦勃朗23岁的自画像

画里的士兵有的在给火枪上火药，有的拿着长矛指向远方……中间这位穿着黑色军装的男子是火枪手连的上尉，这幅画就是他雇用伦勃朗为自己和队员们画的。

♪ 最古老的大型乐器
musical instrument

世界上最古老并且保存最完整的大型乐器是中国的编钟。编钟是中国古代大型打击乐器,兴起于西周,盛于春秋战国直至秦汉。中国是制造和使用乐钟最早的国家。它用青铜铸成,由大小不同的扁圆钟按照音调高低的次序排列起来,悬挂在一个巨大的钟架上,用丁字形的木锤和长形的棒分别敲打青铜钟,能发出不同的乐音。古代时,编钟多用于宫廷演奏或者祭祀、征战时演奏。

1978年曾侯乙墓出土的曾侯乙编钟是目前所出土的保存最完好、铸造最精美的一套编钟,被中外专家称为"稀世珍宝"。这套编钟是由65件青铜编钟组成的庞大乐器,整套编钟重达2500多千克,其音域跨五个半八度,十二个半音齐备。虽然在地下埋藏了2400多年,但是仍然气势宏大、音质纯正,演奏古今乐曲如同天籁。

● 最上层3组19件为钮钟,形体较小,有方形钮。

● 中、下两层5组共45件为甬钟,有长柄,钟体遍饰浮雕式蟠虺纹,细密精致。

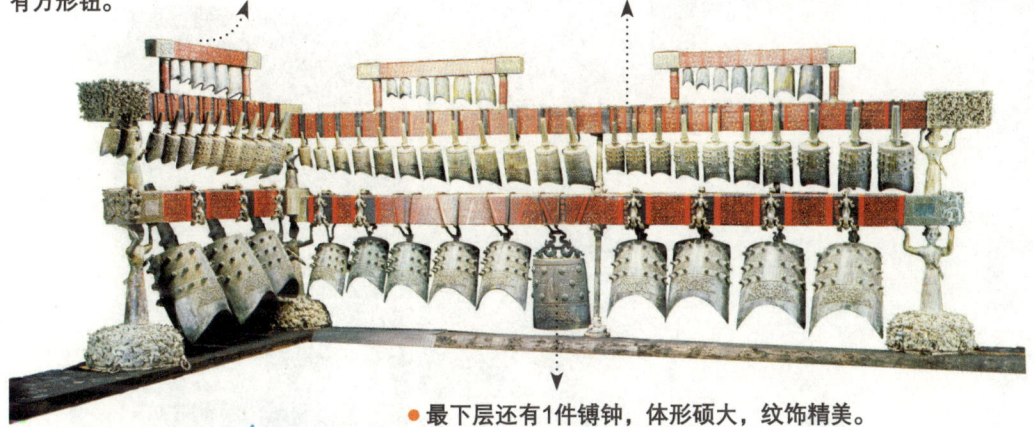

● 最下层还有1件镈钟,体形硕大,纹饰精美。

♪ 最早的钢琴
piano

在钢琴发明以前,已经有一种叫"羽管键琴"的乐器,它是钢琴的前身。1709年,意大利人克里斯托弗里发明了一架外形与钢琴前身完全相同,但内部琴弦发音装置不一样的乐器,这就是世界上第一台钢琴。羽管键琴用羽管拨动琴弦,而钢琴则是用能被弹回的小锤子敲击琴弦,力度可以控制,音量有大小不同的变化,所以当时将这种乐器命名为"有强弱变化的羽管键琴",弱(piano)和强(forte)两个字拼写起来就是"pianoforte",后来简称"piano",即钢琴外语名。

年龄最小的奥斯卡奖得主
Oscar Award

美国著名童星秀兰·邓波儿创造了一个好莱坞神话,她4岁时开始演电影,成为电影史上一颗耀眼的明星。秀兰·邓波儿于1935年2月27日获得奥斯卡青少年特别奖,当时年仅6岁零310天。同年,美国电影科学学会还授予她"1934年最杰出个人"称号。

1928年4月23日,秀兰·邓波儿生于美国加利福尼亚州。在她3岁那年,一个制片人为自己的影片挑选儿童演员时,发现了藏在舞蹈班钢琴下的秀兰·邓波儿,就这样,她得到了第一个电影角色。秀兰·邓波儿主演的影片有《小公主》《小军官》等,她以满头浓密的鬈发和带酒窝的灿烂笑容这一可爱形象永远留在了电影史上。

最著名的 *movie* 电影奖项

世界上最著名的电影奖项是设立于1929年的"奥斯卡金像奖",它的正式名称是"电影艺术与科学学院奖",每年在美国洛杉矶举行一次。近一个世纪以来一直享有盛誉,经久不衰。它在反映美国电影艺术的发展进程和成就的同时,也对世界许多国家的电影艺术有着不可忽视的影响。

1929年2月18日,第一届金像奖得主产生,同年5月16日,隆重的颁奖仪式在好莱坞罗斯福大饭店举行。奥斯卡金像奖到现在已经举办了94届,凡是上一年公开发行的影片都可以参选奥斯卡金像奖。

在美国洛杉矶举行的第73届奥斯卡颁奖典礼上,李安执导的《卧虎藏龙》夺得四项大奖。

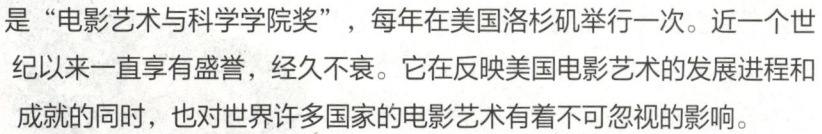

由波兰著名导演克日什托夫·基耶斯洛夫斯基执导的以"自由、平等、博爱"为主题的"蓝白红三部曲"获得1993年威尼斯国际电影节金狮奖。

International Film Festival 第一个国际电影节

世界上第一个国际电影节是意大利威尼斯国际电影节,创办于1932年8月6日,此后每年8月底到9月初在意大利威尼斯电影宫举行。其宗旨是希望通过电影节提高电影的艺术水平,促进电影工作者的交往和合作,后来人们把它称之为"国际电影节之父",奖项有"金、银、铜狮奖"。1992年,中国导演张艺谋执导的《秋菊打官司》获得第49届威尼斯国际电影节金狮奖。除评选和奖励优秀影片外,威尼斯电影节期间还会放映大量的观摩影片。在举办电影节的同时,还会举行各种各样的讨论会和纪念活动。

第一部获得奥斯卡奖的 动画电影 *animated film*

《千与千寻》（日本，2001年）于2003年3月23日获得奥斯卡最佳动画长片奖。第一部获得奥斯卡最佳影片提名的动画电影是1992年迪士尼的《美女与野兽》。第一部获得奥斯卡最佳外语片奖提名的动画电影是于2009年获得提名的《与巴希尔一起跳华尔兹》（以色列、德国、法国、美国，2008年）。

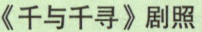

《千与千寻》剧照

塞尔玛·拉格洛夫

第一位获得 诺贝尔文学奖 的女作家 *Nobel Prize in Literature*

诺贝尔奖是根据瑞典化学家诺贝尔于1895年11月27日立下的遗嘱、用其遗产设立并以其姓命名的系列奖项，是国际最高荣誉奖项之一。诺贝尔文学奖则是诺贝尔奖中的一个奖项，于1901年首次颁发，为文学界最高荣誉奖项之一。

塞尔玛·拉格洛夫于1858年出生于瑞典中部韦姆兰省的莫尔巴卡，她出生后不久不幸髋骨关节变形，终生行走不便。她自幼博览群书，酷爱文学，曾任教师十年，是瑞典新浪漫派作家的重要代表人物。拉格洛夫的主要作品有《假基督的奇迹》《耶路撒冷》《骑鹅旅行记》等。她的作品大部分取材于瑞典的民间故事和英雄传说，语言流畅，富有诗意。

1909年，由于"她作品中特有的高贵的理想主义、丰富的想象力、平易而优美的风格"，塞尔玛·拉格洛夫获得诺贝尔文学奖，是第一位获得诺贝尔文学奖的女作家，也是第一位获得诺贝尔文学奖的瑞典作家。1914年，拉格洛夫成为瑞典文学院第一位女院士。

第九章 文艺百宝箱——文化艺术之最

好莱坞华纳公司标志。华纳公司是好莱坞八大制片公司之一，正是这八大公司造就了好莱坞现在的繁荣景象。

最大的 film city 电影城

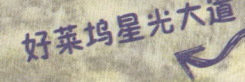

好莱坞星光大道

美国好莱坞电影城是世界上公认的最大的电影城，它坐落在美国西海岸加利福尼亚州洛杉矶城的西北部。

好莱坞原为洛杉矶郊外的一个小村，1908年初被拍摄《基督山伯爵》的摄制人员发现。那里风光秀丽，十分适合拍摄各种外景。后来大批导演和演员去那里拍电影，使它成为一座风光无限的"梦工厂"。

20世纪福克斯等美国八大影片公司以及他们所属的电影制片厂、洗印厂和电影机械厂等都集中在这里。好莱坞成了美国电影的同义词，许多制片公司在电影方面大量投资，使电影业在美国成了一种大规模的产业，取得了世界电影的霸主地位。

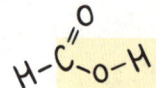

第十章

改变生活的发明——发明之最
Gaibian Shenghuo De Faming——Faming Zhi Zui

20世纪是科学技术迅猛发展的时代。在此之前，人类还从没有在如此短的时间里创造过如此巨大的科学成就。人们的生活发生了翻天覆地的变化，电视机、微波炉等涌入千家万户，许多以前停留在想象阶段的事物已经活生生地展现在人们面前，如机器人等，这些发明改善了人们的生活质量，推动了社会的飞速发展。

最早发现维生素的人
vitamin

1912年，英国化学家霍普金斯发现了一种动物生长发育和新陈代谢所必需的微量有机化合物，并将此类微量物质命名为维他命，这就是后来的维生素。这项发现终于为一些因缺少微量物质而引起的特异疾病找到了病因，而霍普金斯也因此获得了1929年的诺贝尔生理学或医学奖。

霍普金斯

最早的指南针
compass

指南针，也叫指北针，是人们用来辨明方向的一种工具，常用于航海、旅行、行军及野外探险等领域。

传统观点认为，最早的磁性指向器，是在中国汉代甚至早在战国时期就已被发明出来的司南。关于司南的记载最早出现在约公元前3世纪的《韩非子·有度》。司南本身是一块天然的磁石，古人将磁石打磨成小勺的形状，"勺底"十分光滑，可随意转动。司南的使用方法也很简单，只需将它置于光滑的底盘上转动，待其停止转动后，"勺柄"的指向即为南方，相反的方向则为北方。

司南

最早的听诊器 *stethoscope*

听诊器是医生常用的一种医学仪器，通常由听诊头、导音管和耳挂组成，用以聆听从病人心脏、肺部等部位发出的声音，检查病人身体，从而诊断疾病。

在听诊器被发明出来之前，医生为病人看病，通常采取"直接听诊"的方式，即将耳朵直接贴在病人的身体上听诊。这种传统的听诊方式不仅不方便，还极不卫生。1816年的一天，法国医生雷奈克为自己的一位病人看病，因病人的体型较为肥胖，直接听诊非常困难。正当他为此苦恼之时，突然想起曾看过的儿童刮木头的一端并在木头的另一端听声音的游戏，从中受到启发，之后便将书卷成一个圆筒用以听诊，果然比直接听诊要清晰许多，这便是最原始的听诊器。

而后经过反复试验，雷奈克终于发明出世界上第一个真正的听诊器。该听诊器为木质，因状若笛子，又被当时的人称为"医者之笛"。

最早的角膜移植手术 *operation*

角膜位于眼球的最前方，是眼球表面的一层透明膜，弯曲如同球面，有聚光作用。角膜是眼睛和世界之间的窗户，如果一个人因事故或疾病导致角膜形成瘢痕，就会失明。医生们在不断的研究中，终于取得了长足的进步。1906年，一个因眼外伤而必须摘除眼球的病人来到医院，眼科医生席姆在他身上取得角膜后，将其移植给了一个患有角膜溃疡的病人，手术获得了极大成功。

1931年，另一位眼科医生费拉托夫从刚死亡人的身上摘取眼球，并把它放在适当温度下冷藏保存，以供角膜移植之用。由于有了角膜移植术，重见光明的人也日益增多。

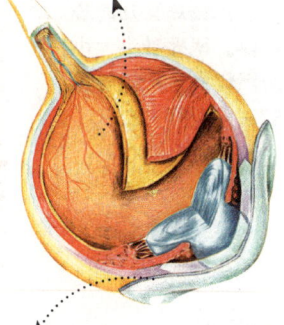

- 玻璃体为透明的胶质体，充满眼球后4/5的空腔。其主要成分为水，为眼内成像提供了一个透明的空间。

- 晶状体位于睫状肌的环内，是富有弹性的透明体。

- 纤维膜前的1/6为角膜，又称黑眼珠。角膜像个单侧凸透镜，对穿过的光线起聚焦作用。

第一座核反应堆与第一座核电站

nuclear power plant

1942年12月2日，在恩里科·费米、利奥·西拉德等科学家的努力下，世界上第一座人工核反应堆"芝加哥1号堆"在美国芝加哥大学达到临界，为1945年7月16日世界上第一颗原子弹的成功爆炸奠定了基础。自此，人类进入原子能时代，芝加哥大学也因此被称为"原子能诞生地"。

1954年，苏联建成了世界上第一座核电站——奥布灵斯克核电站。从此，核电站便在世界各地迅速发展起来。

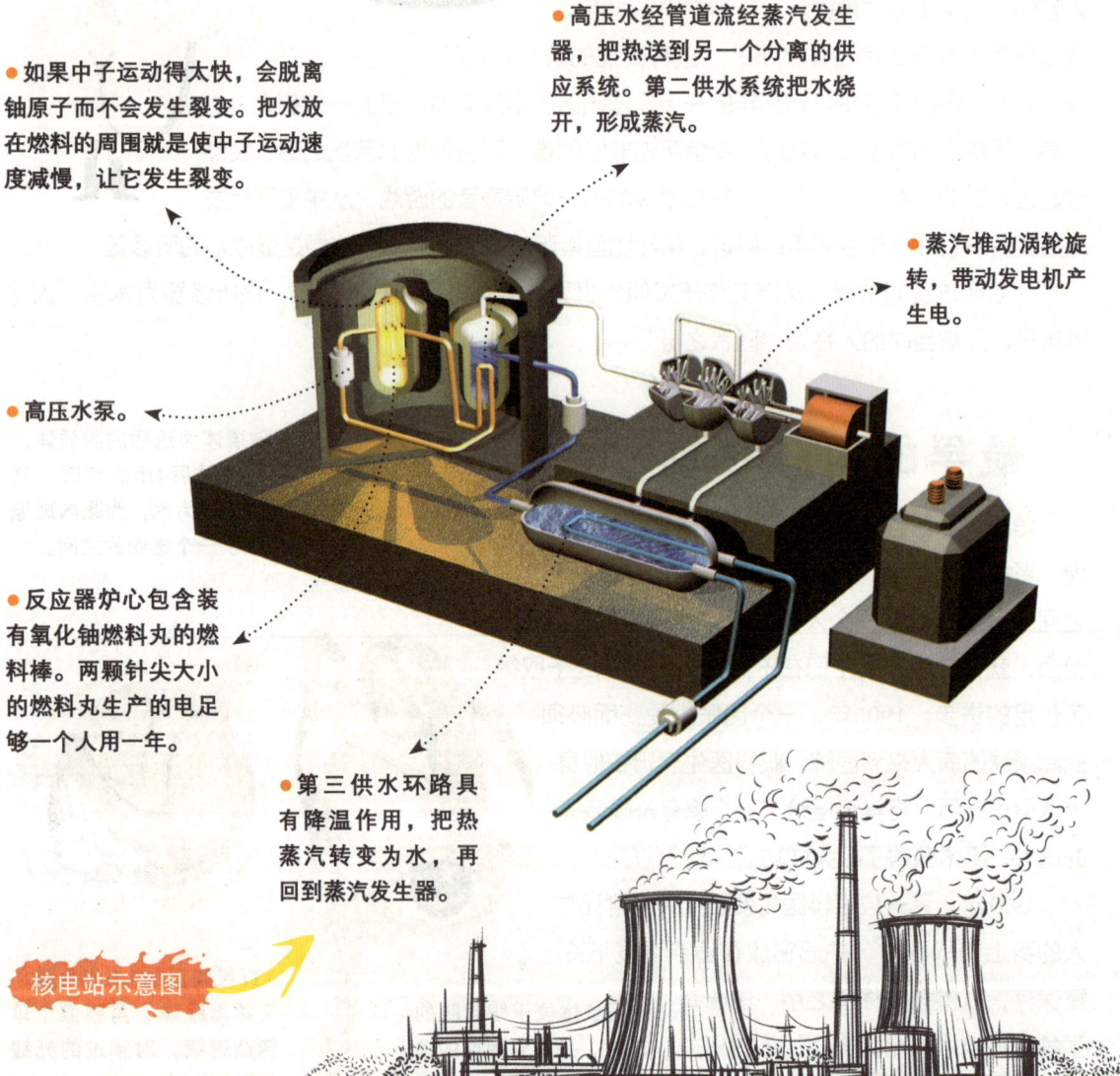

- 如果中子运动得太快，会脱离铀原子而不会发生裂变。把水放在燃料的周围就是使中子运动速度减慢，让它发生裂变。

- 高压水经管道流经蒸汽发生器，把热送到另一个分离的供应系统。第二供水系统把水烧开，形成蒸汽。

- 高压水泵。

- 蒸汽推动涡轮旋转，带动发电机产生电。

- 反应器炉心包含装有氧化铀燃料丸的燃料棒。两颗针尖大小的燃料丸生产的电足够一个人用一年。

- 第三供水环路具有降温作用，把热蒸汽转变为水，再回到蒸汽发生器。

核电站示意图

科幻电影《星球大战》中的智能机器人——C3-PO（左）和R2-D2（右）。

第一台工业机器人 robot

如今，"机器人"一词对于我们来说已经不再陌生。随着科技的发展，机器人走入了人们的生活，协助或取代人类工作。随着科技的进步，机器人越来越"聪明"。那么，世界上第一台真正意义上的机器人是谁发明的呢？

恩格尔伯格是世界上最著名的机器人专家之一，有"机器人之父"之称。他于1958年建立了Unimation公司，并于1959年研制出了世界上第一台工业机器人，对创建机器人工业做出了杰出的贡献。到了1983年，工业机器人的研制和生产已经日渐成熟，受到人们的普遍欢迎。

现代社会，机器人的发展已进入智能化时代，机器人逐渐具有感知功能和自主行为控制功能。

最早的地图 map

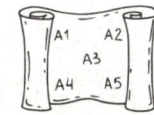

现存的世界上最早的地图是公元前27世纪苏美尔人刻制的泥板地图。人们还发现了公元前25世纪巴比伦人刻于陶片上的地图。古希腊数学家和天文学家C.托勒密对地理学和地图学有着巨大的影响，他不朽的8卷本著作《地理学指南》作为权威的参考书，几乎延续了1000年。

在周朝中山国都城遗址附近出土的铜版地图，产生于2300多年前，是中国目前发现的最早的平面地图。明朝万历年间，意大利传教士利玛窦来到中国，他留在广东，潜心研究，刻印成了《坤舆万国全图》。在这幅图中，出于对中国的尊重，利玛窦把中国放在了地图的中央。这幅图使中国原有的经纬概念更加充实、明确和系统化，对中国古代地图的绘制产生了巨大的影响。

托勒密的地图提供了一幅精确的地中海图景。

最早的电梯 (lift)

在经济发达的大城市，高耸入云的高楼大厦随处可见，而电梯则是这些高层建筑中必不可少的配置。电梯给人们带来了极大的便利，有了电梯，人们不用再气喘吁吁地爬楼梯，只需轻轻按下电梯旁的按钮等待电梯的到来，然后搭乘电梯上下楼。

1852年，美国人伊莱沙·格雷夫斯·奥的斯设计了一台提升绳断裂后轿厢仍保持在井道空间的安全升降机，并进行了示范表演。1854年，在美国纽约的水晶宫，奥的斯向世人展示了他的发明。他先是站在一个装满货物的升降梯平台上，让助手将平台升至半空，然后让助手将升降梯的绳索砍断。出人意料的是，升降梯并未随绳索的断裂而坠落，而是稳稳地停在了半空中。这便是世界上第一部电梯。

如果没有电梯，恐怕不会有如此多的人会愿意居住在高楼大厦中。

电梯在现代社会中已成为城市物质文明发展的一种标志。

最早的微波炉
microwave oven

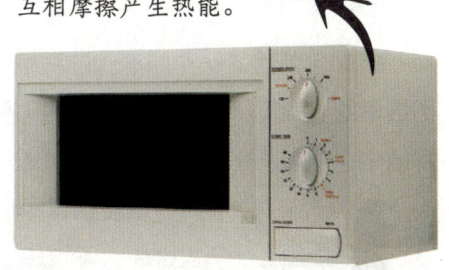
微波炉的工作原理是使食物分子之间互相摩擦产生热能。

微波炉烹饪食物又快又方便，因此有人曾称它为"妇女的解放者"。微波炉的发明者是美国人斯本塞。在雷声公司工作时，他观察到微波能使周围的物体发热。有一次，他走过一个微波发射器时，发现装在口袋内的糖果被微波熔化了。还有一次，他在波导喇叭口前放了一袋玉米粒，然后仔细观察玉米粒的变化。这时，他发现玉米粒开始膨胀起来。几个星期后，他研制成了一台简易的炉子。到了1947年，雷声公司推出了第一台家用微波炉。不过这种微波炉并没有受到消费者的欢迎，因为它成本太高，体积庞大，寿命太短。直到1965年，一种耐用且价格低廉的微波炉才被研制出来，从此，微波炉逐渐走入千家万户。

最早的洗衣机
washing machine

1858年，美国人汉密尔顿·史密斯在匹兹堡发明了世界上第一台机械式洗衣机。这台洗衣机由主件洗衣桶、装有多个叶片的垂直轴和手摇的曲柄装置组成，因为使用时很费力又损伤衣物，所以没有被广泛应用于市场。

第一台电动洗衣机由阿尔凡·费希尔于1910年在芝加哥制成。但这种电动洗衣机进入市场后，销量不佳。第一次世界大战之后，洗衣机开始受到人们的青睐。1922年，霍华德·斯奈德发明了一种搅动式电动洗衣机。该洗衣机因性能大有改善，开始风靡市场。随着工业化进程的加快，英国率先出现了喷流式洗衣机。1937年，第一台自动型滚筒式洗衣机问世。1955年，日本引进喷流式洗衣机，并成功研制出波轮式洗衣机，这种波轮式洗衣机流行至今。

20世纪30年代的洗衣机是由电动机来驱动转盘的。

microscope
最早的显微镜

1590年前后，一个叫詹森的眼镜制造匠人发明了世界上最早的显微镜。詹森将两片凸透镜放在两个不同口径的铁片筒中，然后再将这两个铁片筒装进一个大铁筒里，使其能够自由地滑动，以便调整两个凸透镜的距离，再在外面套上一个大铁筒。不过由于这个显微镜制作水平还很低，并没有发挥显微镜的真正价值。

荷兰人列文虎克是一个对新奇事物充满强烈兴趣的人，他听说用放大镜可以把肉眼看不清的东西看得很清楚，就对这个神奇的东西充满了好奇心。1665年，列文虎克制成了一块小透镜，它的直径只有0.3厘米。他做了一个架子，然后把这块小透镜镶在架子上，又在小透镜下边装了一块铜板，上面钻一个小孔，光线就会从孔里射进来，从而反射出所观察的东西。这台复合显微镜也成了后来显微镜的基本形制。

研究人员正在使用显微镜。

继光学显微镜被发明之后，20世纪30年代，德国人恩斯特·鲁斯卡成功研制出第一台电子显微镜。

telescope
第一个望远镜

伽利略设计的望远镜，现存于佛罗伦萨的伽利略博物馆。

17世纪初的一天，荷兰某小镇的一家眼镜店的主人汉斯·利伯希正在检查磨制出来的透镜质量，当他把一块凸透镜和一块凹透镜排成一条线时，通过透镜看过去，发现远处的教堂塔尖竟然拉近了许多。

根据这个发现，他制成了一架简易的望远镜，成了望远镜的发明者。1608年，他为自己制作的望远镜申请了专利。之后，在政府的要求下，利伯希造了一个双筒望远镜。

意大利科学家伽利略得知这个消息后，经过仔细研究，发明了一个能把物体放大3倍的望远镜。后来，他还制造出了能放大40倍的望远镜。通过它，伽利略第一次发现了月球表面高低不平的形态。

typewriter 第一台 打字机

1873年，美国发明家克里斯托弗发明了世界上第一台打字机。

打字机刚发明的时候，键盘并不是像现在这样排列的，而是按英文字母顺序排列。不过问题很快产生了，那就是打字速度一加快，键槌就很容易被卡住。为此，克里斯托弗十分烦恼。不久，他的弟弟为他解决了这个难题：把一些常用词汇的英文字母散开分布，这样，连续点击相邻键的概率大大减少，卡键的毛病也就不再发生了。后来，克里斯托弗开始推销他的打字机，当别人问他为什么要这样安排字母时，他总是狡黠地说："这种排列是为达到最快打字速度而精心设计的。"

如今，卡键问题早已不存在了。相反，这种字母布局对打字速度的提升却产生了很大的影响。

打字机已经逐渐退出了人们的视野，键盘取代了打字机，成了人们在使用电脑时的好帮手。

air conditioner 最早的 空调

空调的发明者是被称为"空调之父"的美国发明家威利斯·哈维兰·卡里尔。1901年夏季，纽约地区空气湿热，这使得一个印刷出版公司的生产大受影响。为此，他们找到了布法罗锻冶公司，希望能有一种可以调节空气温度、湿度的设备。公司把研制任务交到了富有研究精神的年轻工程师卡里尔的手上。

卡里尔百般思索，反复试验，终于在1902年为印刷公司安装了他精心研究而成的制冷设备，效果非常好。这个机器的原理是先将水蒸气变成冷水，然后让空气吹过水冷盘管，这样周围的温度就会降下来。潮湿空气中的水分遇冷会凝结成水珠，水珠滴落后，剩下的就是更冷、更干燥的空气了。这就是世界上第一台空气调节系统，人们称它为"空调"。

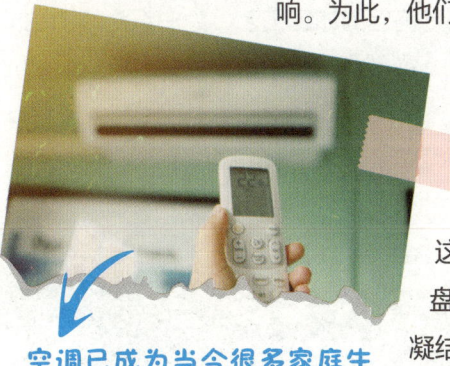

空调已成为当今很多家庭生活的必备家电。

最早的抽水马桶 *closestool*

1595年，英国大臣约翰·哈灵顿爵士经过潜心研制，在王宫里安装了世界上第一个抽水马桶，这令女王伊丽莎白一世非常高兴。不过，当时的抽水马桶仍没有任何排污主管道、没有自来水，这对大多数普通人来说是不切实际的，所以他们仍然需要每天清理便器。

18世纪后期，英国发明家约瑟夫·布拉玛改进了抽水马桶的设计。他采用了一些构件，诸如控制水箱里流量的三球阀，以及保证污水管的臭味不会让使用者闻到的U形弯管等，并于1778年取得了这种抽水马桶的专利权。直到19世纪后期，欧洲的城镇才安装了自来水管道和排污系统。从此，大多数人开始用上了抽水马桶。

最早的电灯 *electric light*

爱迪生发明的电灯给人类带来了光明。

世界上第一盏电灯是由美国著名发明家爱迪生于1879年10月21日试制成功的。

在研制电灯的过程中，爱迪生仔细分析了当时的煤气灯和弧光灯的优点和缺点，他认为最重要的是寻找一种耐热的材料，由电流把它烧到白热化程度而发出炽热的光但又不至于断裂或熔化。他选择的第一个材料是当时所知的金属熔点最高的白金。但是白金灯泡太贵，而且到了白炽温度时，其寿命只有一两个小时。

不久，爱迪生用碳化卡纸大大改进了电灯的寿命。1880年的新年夜晚，3000人争相走上纽约街头，观赏这一伟大的发明。不过，成功并没有使爱迪生停下脚步，第二年，他又制造出了能连续亮上1200个小时的毛竹丝灯。1909年，美国人库利奇发明了钨丝的加工工艺，为白炽灯泡的生产和推广起到了决定性的作用，其基本原理一直沿用到今天。

电灯的发明让城市的夜晚被点亮！

在摄影技术高度发达的今天,小型照相机也可以拍摄出细致且清晰的照片。

camera 最早的照相机

照相机是用于摄影的光学器械,它的发明经历了漫长的岁月。

13世纪时,欧洲首次出现了利用小孔成像原理制成的可以供绘画用的"成像暗箱"。

1841年,光学家沃哥兰德向大家展示了他的发明——第一台全金属机身的照相机。这台照相机最大的不同之处是安装了一个非常特别的摄像头,它的最大相孔径达1∶3.4。

1845年,德国人冯·马腾斯发明了世界上第一台可摇摄150°的转机。1849年,戴维·布鲁斯特发明了立体照相机和双镜头的立体观片镜。1861年,物理学家马克斯威发明了世界上第一张彩色照片。1866年,在德国化学家肖特与光学家阿贝的共同努力下,蔡司公司发明了一种全新的钡冕光学玻璃,制造了正光摄影镜头。这一发明使摄影镜头的设计制造迅猛发展。1888年,美国柯达公司生产出一种柔软的"胶卷",采用了新型感光材料。同年,柯达公司发明了世界上第一台安装胶卷的可携式方箱照相机。

虽然照相机已经被发明,可是受光线的限制,在屋子里或是其他光线较暗的地方还是不能拍照。1906年,这个问题被美国人乔治·希拉斯解决,他第一次在拍照时使用了闪光灯。

第一台现代电子计算机 computer

1946年2月14日,美国宾夕法尼亚大学莫尔电机学院的门口人来人往,热闹非凡。这是在举办什么重要活动呢?原来,这里要举行人类历史上第一台现代电子计算机的揭幕典礼。

很快,一个陌生的大家伙出现在人们面前,它的外形非常奇特,浑身闪着金属的光泽。发明者将其命名为埃尼阿克(ENIAC)。

这台计算机有多大呢?让我们看一组数据:它占地面积达170平方米,重30吨,有约1.8万个电子管和约5万个转换开关。

在来宾大感失望的时候,埃尼阿克开始为大家表演它的拿手绝活儿——分别在1秒钟内进行了5000次加法运算和400次乘法运算。这比当时最快的继电器计算机的运算速度要快1000多倍。

ENIAC由美国爱荷华州州立大学物理系副教授约翰·阿塔纳索夫和其研究生助手克里夫·贝瑞制造出来,阿塔纳索夫因此被称为"计算机之父"。

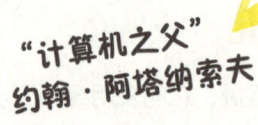

"计算机之父"约翰·阿塔纳索夫

最早的电视机 television

电视机是英国人约翰·贝尔德在1925年发明的。

当时无线电技术已经被广泛运用于通信、广播领域。与此同时,许多发明家都想发明一种能转播现场实况的电器,可是都没能取得成功。

贝尔德是一位有理想的青年,他也投身于这项发明之中,夜以继日地工作着。1925年10月2日,是贝尔德一生中最为激动的一天。这天,他在室内安上了一台能使光线转换为电信号的新装置,希望能用它把木偶的脸显现得更逼真些。下午,他按动了机器上的按钮,木偶"比尔"的图像一下清晰逼真地显现出来。他兴奋地大喊大叫,世界上第一台电视机就此诞生了。

电视机发展至今,尺寸越来越大,清晰度越来越高。

最早的 watch 手表

早期的钟以可动钟锤为动力,因此它们在搬运时就不能工作。15世纪时,钟表制造者学会了用一卷弹簧或发条来作为钟的动力,就不像早期钟锤那样受活动的影响。17世纪初,第一批以卷成圈的弹簧为动力的表生产出来了。可它们并不十分准确。荷兰人克里斯蒂安·惠更斯在1675年发明了游丝,表得到了大大的改进。游丝对表的运转进行调节,使它更加准时。

这些早期的表看上去都像是小型的钟,虽然能放进衣袋里携带,但仍不免显得笨重,人们几乎想不到要将它们戴在手腕上。直到第一次世界大战期间,一名士兵为了方便看时间,就把表固定在手腕上。1918年,瑞士一个名叫扎纳·沙奴的钟表匠从中受到启发。他开始制造一种体积较小的表,并在表的两侧设计了针孔,用以装皮制或金属表带,以便把表固定在手腕上,从此手表就诞生了。

瑞士钟表驰名世界,20世纪时,手表和挂表都非常流行。

最古老的 bell 钟

沙漏是古代的一种计时仪器。

在长达几千年的时间里,人们没有任何测定时间的精确方法,只能通过太阳在天空中的位置,或者通过像日晷、沙漏这样的装置来判断时间。公元8世纪,中国唐代僧人、杰出的天文学家张遂与另一位发明家梁令瓒一起设计了"擒纵器"装置,即所有机械钟中心部位的那套齿轮嵌齿结构。这便是世界上最古老的钟。

到14世纪时,欧洲出现了笨重的机械钟。它们用钟锤驱动,其误差每天大约在1小时以内,这样不够精确,在机械装置中也就谈不上显示分与秒了。15世纪时人们发明出了由弹簧驱动的钟,接着在17世纪时制造了带有钟摆的更精确的钟。对如今的我们来说,瞧一下钟就能说出准确时间,已是很平常的事了。

位于英国泰晤士河畔的大本钟是伦敦的标志性建筑。

最早的无线电广播
radio broadcast

1906年圣诞节前夕的晚上，美国一位无线电报务员像往常一样工作着。忽然，他听到一种从来没听到过的声音，那是一些人的讲话声和乐曲声。作为每天只能听到"嘀嘀嗒嗒"的莫尔斯电码声的无线电报务员，这种新奇的声音让他十分激动，他喊来同事，同事们听了也欣喜不已。后来，他们又听到了另外一些声音。但那时他们并不知道，他们收听到的是由美国匹兹堡大学教授雷吉纳德·费森登主持和组织的人类历史上第一次正式的无线电广播的试验性播放。

1902年，费森登利用高频发电机产生出连续的电波。他在前人研究的基础上利用研制出的高频无线电发射机发射声音信号，同时不断调制高频无线电连续波的振幅，再将携带声音信号的调幅波发射出去，从而实现无线电通话。在费森登的指导下，1906年，瑞典发明家亚历山大设计并制造出80千赫的大功率高频振荡器。人类第一次无线电广播的成功为现代无线电广播、通信开辟了广阔前景。

20世纪初，意大利发明家古格里尔莫·马可尼的公司是家用无线电收音机最主要的制造商。

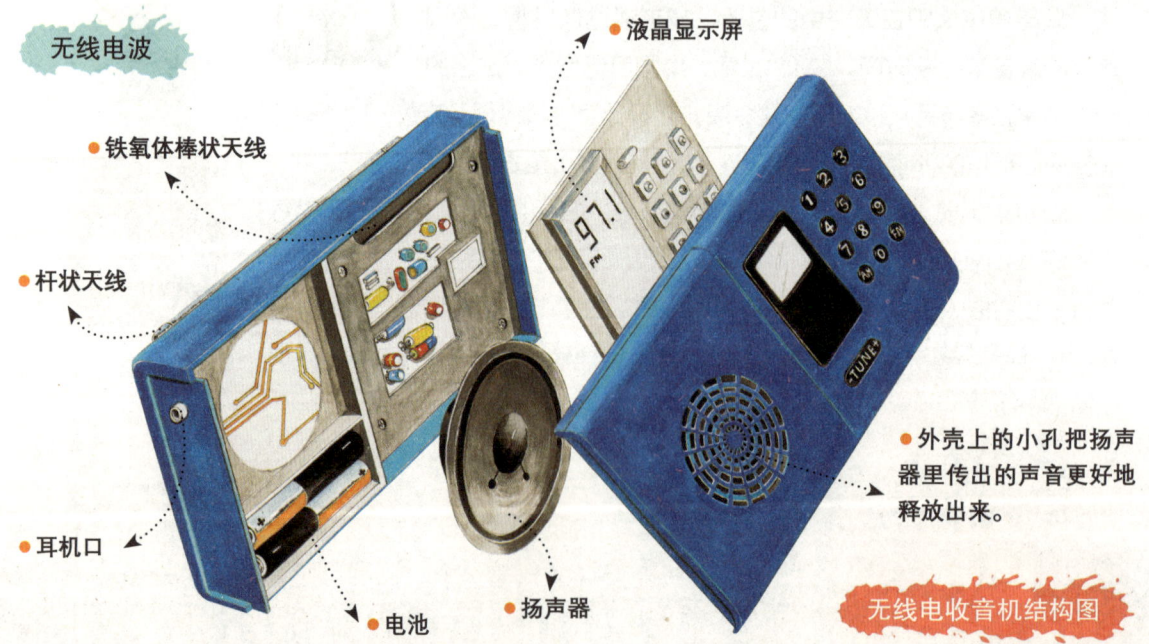

- 无线电波
- 铁氧体棒状天线
- 杆状天线
- 耳机口
- 电池
- 扬声器
- 液晶显示屏
- 外壳上的小孔把扬声器里传出的声音更好地释放出来。

无线电收音机结构图

最早的电话 *phone*

1873年的一天，亚历山大·贝尔在做实验时意外地发现一个有趣的现象：当电流导通和截止时，螺旋线圈会发出噪声。贝尔想："在讲话时，如果能将电流强度的变化模拟成声波的变化，那么用电传送语言不就能实现了吗？"

经历了无数次试验，两年后的某一天，贝尔在实验室里将门关闭，他的助手沃特森在隔着几个房间的另一端。这时，贝尔对着送话器喊起来："听见了吗？沃特森。"那边传来沃特森的声音："贝尔！我听见了！听见了！"两人欣喜若狂，向对方奔去，互相拥抱起来。由此，这位名叫贝尔的苏格兰男人发明了世界上第一部电话（1876年申请了专利）。

众多的接线员正在忙于为通话人接上正确的线路。

贝尔发明的电话机上没有拨号盘，直至20世纪初拨号盘才出现。

第一部移动电话 *mobile phone*

如今，造型小巧、功能强大的手机已经深深地融入我们的生活中。可是，你也许想不到，世界上第一部移动电话却像垃圾箱那样大，而且通信范围不到1千米。

它的发明者并不是什么专业人士，而是美国肯塔基州的一个瓜农，名字叫内森·斯塔布菲尔德，他将自己的发明称为"无线电话"，并申请了专利。因此，内森·斯塔布菲尔德被公认为现代移动电话技术之父。

1902年1月，斯塔布菲尔德决定将他的这项发明对外展示。他向5部接收机传送音乐和声音，引起了人们的极大兴趣。不过，当时这种移动电话并不受欢迎，他的电话一部也没有卖出去。

● 摩托罗拉DynaTAC 8000X手机

1973年，摩托罗拉公司生产出第一部现代意义上的手机DynaTAC原型机。1983年，摩托罗拉公司在这个基础上研发出了量产商用手机DynaTAC 8000X并面向市场销售。

最早的 降落伞 *parachute*

提到中国古代发明，人们很容易想到四大发明——造纸术、指南针、火药、印刷术。可也许你想不到的是，中国还是降落伞的发源地。中国人在很早的时候就发现了降落伞原理并开始利用，后来外国人才开始研制降落伞。

15世纪末，意大利艺术家达·芬奇将12码宽和同样长的布接起来，制成了一个大帐篷。为此，他还做了一个实验，把人和这顶帐篷拴在一起，然后从高处落下，结果平安无事。这是人类有史以来第一具载人降落伞。

第一个尝试从天空跳伞的勇敢者是法国青年加勒林，他利用降落伞平安降落。

如今，跳伞已经成为一种时尚、刺激的休闲运动，在世界许多国家普遍开展，尤以欧美各国更加广泛。

新西兰昆斯敦（皇后镇）的高空跳伞活动十分有名，这里也被称为"世界冒险者之都"。

最早的 旱冰鞋 *roller skates*

相传在1100年，猎人们冬天外出打猎时行走很不方便，一些聪明的猎人就把骨头绑在长皮鞋下，这可以说是旱冰鞋的雏形。

1760年，一位伦敦商人乔赛夫·马林发明了一双神奇的鞋子，鞋底配有很小的轮子，全部由金属制成，这就是世界上最早的旱冰鞋。1819年，曼西尔·彼提博用木块做鞋底，下面装上了一排轮子。不过这种鞋子的最大缺点是只能向前溜。1863年，美国人詹姆士发明了四轮溜冰鞋，它不但能快速向前滑，还可以做各种各样的高难度动作，如转弯或向后退等。

第十章 改变生活的发明——发明之最

最早的 *razor* 剃须刀

很早的时候，刮胡须是一件可怕的事，因为一不小心，人们就会被刮出血。

"要是有一种安全剃须刀就好了。"美国人吉列决心发明一种新式的安全剃须刀。抱着这个想法，他一头钻进试验室。吉列磨好刀片后，马上在自己的脸上试起来。自己的胡子刮完了，就在兄弟、朋友的脸上试。这样反复试验的结果是大家的脸上都留下了布满刀口的光秃秃的下巴。经过不断的努力，吉列终于制成了经典的"T"字形剃须刀。这种剃须刀的刀刃非常薄，并且十分锋利。在刮胡须时，刀刃还能随着接触面的变化而不断变换角度，而不会伤到自己。

1901年，吉列创办了世界上第一家"T"形剃须刀公司，并为自己这一伟大的发明申请了专利。如今，只要提到"吉列"，人们就会想到剃须刀。

电动剃须刀的出现，使男人在刮胡子时更方便。

最畅销的 *drink* 饮料

1948 年的可口可乐广告

世界上最畅销的饮料是可口可乐，由美国可口可乐公司出品。

可口可乐是一种含有咖啡因的碳酸饮料，一经问世，便受到消费者的青睐，成为许多人的首选饮料。虽然现在各种各样口味的饮料不断上市，但可口可乐在世界各地市场的领先地位依然无人能够撼动。

可口可乐能够经久不衰，得益于它独特的口感。不过可口可乐的配方是严格保密的，除了持有人家族之外，没有人知道。为此，可口可乐公司还采取各种措施，以保守商业秘密。

交通工具是现代人生活中不可缺少的一部分,它们加快了人们的生活节奏。陆地上的自行车、汽车、火车,海洋上的轮船,天空中的飞机,都大大缩短了人们交往的距离。特别是火箭和宇宙飞船的发明,使人类探索宇宙的理想成了现实。

第十一章

交通工具大集合——交通之最
Jiaotong Gongju Da Jihe—Jiaotong Zhi Zui

最早的摩托车 motorbike

摩托车是由德国人戈特利布·戴姆勒在1885年发明的。

在摩托车发明以前,人们都是以蒸汽汽车作为交通工具。这种车以煤炭为燃料,行驶速度很慢,而且会排放很大的烟尘,于是人们想利用一种新的燃料来替代它。

1883年,一位名叫戴姆勒的技术员发明了用汽油作为燃料的内燃机,并于同年申请了专利。

1885年,戴姆勒把他的内燃机装在两轮车上,发明了世界上第一辆摩托车。

摩托车的种类很多,但基本结构都大同小异。

第一架斜翼飞机 plane

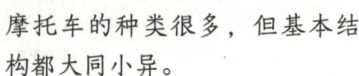

1979年12月,美国国家航空航天局设计的AD-1第一次进行飞行。这架飞机比较特别的是,它有一个单翼通过中心枢轴连接到机身上。当飞行的时候,它可以旋转到60°,这时机翼便会出现一侧朝前、另一侧朝后的情况。可以说斜翼的设置改进了高速化的性能,但也会在操控上增加了一些难度。这种独特的设计最早是在20世纪40年代提出的。

图为莱特兄弟试飞的飞机"飞行者1号"及人物模型,现藏于美国国家航天博物馆。

✈ 最早的**动力飞机**
powered plane

1903年12月17日,莱特兄弟(哥哥威尔伯·莱特和弟弟奥维尔·莱特,美国人,发明家)首次试飞了完全受控、依靠自身动力、持续滞空不落地的飞机,也就是"世界上第一架飞机"——"飞行者1号"。

童年时期的莱特兄弟就热心于飞行研究。有一天,他们看到德国滑翔机专家李林达尔因滑翔机失事而身亡的消息,深受触动,于是决心研制出能安全地把人带到空中的飞行器。他们不断对螺旋桨、发动机进行改进,解决了飞行动力的难题。1903年12月17日,"飞行者1号"在美国北卡罗来纳州的基蒂霍克海滩上试飞了四次,从飞行了12秒共36.5米,到用59秒飞了260米。人们梦寐以求的载人空中持续动力飞行终于成功了!莱特兄弟继续研究,他们想造出飞得更高、更远,能载更多人的飞机。1908年,他们试飞了最新研制的飞机,这一次共飞行了2小时20分钟。

莱特兄弟首创了让飞机受控飞行的飞行控制系统,从而为飞机的实用化奠定了基础,此项技术至今仍被应用在所有的飞机上。

✈ 最大的 运输机
transport aircraft

安-225"梦幻"运输机是世界上最大、最重的运输机，它的长度为84米，高度为19米，比六层大楼还要高，能搭乘800多名乘客的A380客机在它旁边就像肌肉壮汉身边的"小弟弟"。

尺寸大还不算什么，安-225最大的优点是体重大、载重量更大。作为一款苏联时期生产的，用来运输航天飞机的巨型运输机，安-225的最大起飞重量达到了640吨，最大载货重量是247吨，重达46吨的T-80坦克它一次可以运输五辆。每次飞行前，安-225需要一天半的时间加注燃料，它一次性可以加入365吨的燃料，然后连续飞行18小时，航程可以达到超过15000千米。

可惜的是，2022年2月27日，停驻在乌克兰首都基辅戈斯托梅利机场的安-225被炮弹击毁了！

🚲 第一辆 自行车
bicycle

对于许多人来说，自行车是生活中必不可少的交通工具，它给人们的出行带来了很大的方便。为此，人们不得不感谢它的发明者——德国人德莱斯。

德莱斯原是一位看林人，每天穿行在广袤的林子里，多年走路的辛苦激起了他想发明一种交通工具的欲望。他用两个木轮、一个鞍座、一个安在前轮上起控制作用的车把制成了一辆轮车。人坐在车上，用双脚蹬地驱动木轮运动。就这样，世界上第一辆自行车问世了。1817年，德莱斯用它的自行车在一次比赛中获得了冠军，他骑车4小时通过的距离，马拉车却用了15个小时。

这种早期的自行车虽然"前轮大、后轮小"，但是人们也很喜欢它，主要是因为它的踏板蹬起来很省力。

最早的帆船 *sailboat*

在轮船发明以前,帆船是非常重要的水上交通工具。人们现在已无法确知帆船的发明者,但据专家考证,最早的一艘帆船建造于公元前2500年以前,是为埃及法老胡夫的葬礼而建造的。而在埃及同一时代的壁画上,也可看到类似的帆船。那时候的帆船只有一个桅杆,一艘船上只能挂一张长方形的帆。

直到公元500年左右,阿拉伯人发现三角形的帆比长方形的帆更好用,于是他们改良了帆的形状,桅杆也变得越来越多。

在帆发明以前,人们都是用桨划船。而帆船以风为动力,节省了水手的体力,速度也更快,使人们有能力去探寻更远的地方。

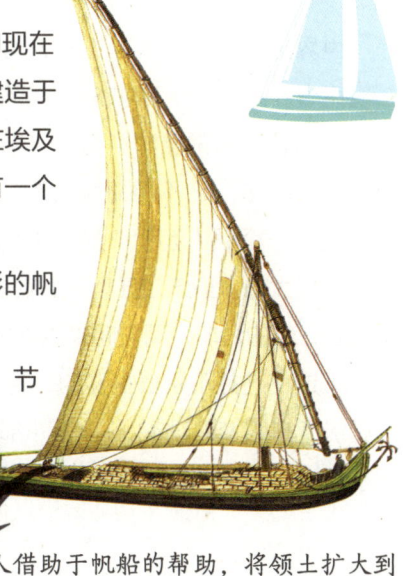

古埃及人借助于帆船的帮助,将领土扩大到了幼发拉底河。

第一艘潜水艇 *submarine*

世界上第一艘潜水艇是荷兰物理学家科尼利斯·德雷尔于1615年发明的。德雷尔建造的第一艘潜水艇的样子非常丑陋,船体像一个大木柜。为了防止水渗入,德雷尔在外面裹上了涂有油脂的牛皮;为了能够自由下沉和上浮,他在船内装了很多可以充气的羊皮囊。那时候还没有机器动力,这艘潜水艇是由12名船员划动木桨来驱动,并且只能潜入水中3~5米。尽管如此,人们还是把德雷尔称为"潜水艇之父"。

1776年,潜水艇第一次作为武器登上了战争舞台。美国一个叫戴维特·布什内尔的青年在华盛顿将军的支持下,研制了新的潜水艇来打击英军。

俄罗斯的"台风"级潜水艇是目前世界上最大的潜水艇。

最长的轿车 *car*

世界上最长的轿车诞生在美国加利福尼亚州伯班克市,它的设计者叫杰·奥尔伯格。

这辆轿车非常豪华,有30.5米长,看起来就像一列小火车。它不但外表气派,里面也非常豪华,就像一个私人别墅,宽敞的游泳池、豪华的套房、超大的水垫床让任何来到这里的人都流连忘返。这么长的汽车,驾驶起来也需要独特的技术。

不过,这并不是最主要的,更让人称奇的是这辆超级汽车的辅助设备。它设有6部高科技电话,随时和外界保持通信;小型的高尔夫球场让人们尽享休闲时光。它的游泳池上面有一个结实的盖子,可以供直升机自由起降,可谓先进至极。

奥尔伯格设计的世界上最长的轿车。

第一辆载人轿车 *passenger car*

1801年12月24日,发明家兼采矿工程师理查德·特里维西克(英国)驾驶一辆蒸汽动力车,载着7名乘客穿越了英国康沃尔郡的坎伯恩。

特里维西克将他的发明命名为"Puffing Devil"(喷气恶魔)。他们从坎伯恩出发,一路穿行,到了附近的比肯村。他的堂兄兼同事安德鲁·维维安操纵着这台机器。这辆动力车的发明,也促使了那首有名的康沃尔民谣 *Camborne Hill* 的诞生。

世界上首辆可以实际运作的蒸汽机车就这样诞生了!

第一辆 *train* 火车

世界上第一辆火车的发明者是英国人乔治·斯蒂芬森,他于1814年制造出了世界上第一辆能在铁轨上行走的蒸汽机车,即火车。斯蒂芬森出生于1781年,14岁来到煤矿,当上了一名司炉工。他聪明好学,很快就掌握了机械、制图等方面的知识。

1810年,斯蒂芬森开始研制蒸汽机车。他做出了一个极有远见的决定:把蒸汽机车放在轨道上行驶,又在车轮的边上加了轮缘,以防止火车出轨。1814年,斯蒂芬森的蒸汽机车火车头问世了。这个火车头有5吨重,可以带动总重约30吨的8个车厢。可是斯蒂芬森的发明还有很多缺陷,火车的速度非常慢,甚至没有一匹马跑得快。他决心制造出更好的火车。

1825年9月27日,英国的斯托克顿附近挤满了观众,一声激昂的汽笛声过后,斯蒂芬森亲自驾驶世界上第一列蒸汽机车喷云吐雾地疾驶而来。蒸汽机车后面拖着12节煤车,另外还有20节车厢,车厢里约有450名乘客。观众惊呆了,不相信眼前的这铁家伙竟有这么大的力气。火车缓缓地停稳,人群中爆发出一阵雷鸣般的欢呼声,铁路运输事业从这天开始了。

此后,英国和美国掀起了一个修筑铁路、建造机车的热潮。仅1832年,美国就修建了17条铁路。就这样,火车在世界各地很快发展起来。

斯蒂芬森设计的蒸汽机车在与马赛跑。

早期的蒸汽机车以煤、木材为燃料,速度也很慢。

the highest 海拔最高的铁路

青藏铁路,连接青海省西宁市至西藏自治区拉萨市,全长1956千米,是通往西藏腹地的第一条铁路,也是世界上海拔最高、线路最长的高原铁路。

青藏铁路的修建也是中国新世纪四大工程之一,主要分两期建成,一期工程东起青海省西宁市,西至格尔木市,该段长814千米,于1958年开工建设,1984年5月建成通车;二期工程东起青海省格尔木市,西至西藏自治区拉萨市,该段全长1142千米,于2001年6月29日开工,2006年7月1日全线通车。青藏铁路共有85个车站,最高的车站为唐古拉车站,海拔高度为5068米,也创造了海拔最高车站的世界纪录。

可以说青藏铁路是世界上海拔最高、在冻土上建造路程最长的高原铁路,也被誉为"天路",2013年9月入选"全球百年工程",是世界铁路建设史上的一座丰碑。

第十一章 交通工具大集合——交通之最

最长的铁路 *railway*

世界上最长的铁路西伯利亚铁路，始建于1891年，于1916年全线通车。

西伯利亚铁路是俄国为了发展国内经济而修建的。当时的沙皇政府对此非常重视，然而，这条铁路的修建却遇到了许许多多的困难。铁路通过的地区布满了河流、山脉和永久冻土层。最糟糕的是那里天气恶劣，冬季气温在-50℃以下，夏季则可高达40℃。在这样大的温差中，建铁路的钢铁经常冻裂、损坏。无数的贫苦农民参与了大铁路的施工，许多人因为劳累过度而永远长眠在那里。

西伯利亚大铁路全长9332千米，被称为俄罗斯的"脊柱"，对俄罗斯的经济发展和国家安全都发挥着重要的作用。

最长的定期旅客列车 *passenger*

澳大利亚有一趟每周发一次车的全程卧铺服务列车，名为"THE GHAN"，即"甘号"列车，它的行程从阿德莱德至达尔文，全程运行54个小时。列车的长短会根据乘客数量的不同而有所增减，当遇上需求高峰时，"甘号"列车甚至可以加长到44节车厢，长度可达1096米，是泰坦尼克号的4倍长。而一般情况下，列车会装备两个车头和30节车厢，总长度为774米。

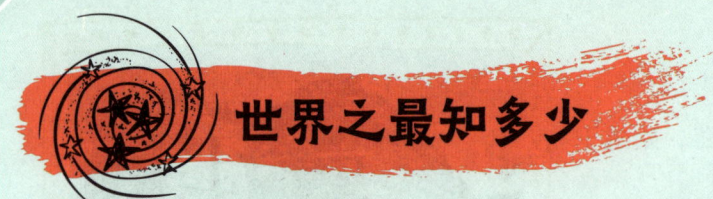

世界之最知多少

天文之最

太阳系中最小的行星
水星,直径仅 4880 千米

离太阳最近的行星
水星

太阳系中最大的行星
木星,直径约为地球直径的 11.2 倍

密度最小的行星
土星,也是外形最不圆的行星

太阳系中离太阳最远的行星
海王星,距离太阳系中心 44.98 亿千米

太阳系中最大的矮行星
冥王星,也是拥有最多卫星的矮行星

第一颗来自水星的陨石
2012 年在摩洛哥发现的 NWA7325 号陨石被认为是第一颗来自水星的陨石

被航天器探测次数最多的行星
火星

最长的自转周期
金星需要 243 个地球日才能自转一周

最多云层覆盖的类地行星
金星表面永远隐藏在云层中,且 100% 被云层覆盖

地球上最大的陨石坑
南非约翰内斯堡附近的弗里德堡陨石坑,直径约 250 千米

太阳系中的最高峰
火星上的奥林波斯火山顶距山脚 27000 多米,几乎是珠穆朗玛峰海拔高度的 3 倍

地理之最

最后一块被人类发现的大陆
南极洲

面积最小的洲
大洋洲

面积最小的大陆
澳大利亚大陆

最大的三角洲
恒河三角洲

陆地上最低的地方
死海

地球上海洋最深的地方
马里亚纳海沟斐查兹海渊,深约 11034 米

港口最多的大洋
大西洋

世界上最长的海峡
莫桑比克海峡

最热的海
红海

世界第一大海洋暖流
墨西哥湾暖流

最大的淡水湖群
五大湖

世界上最大的淡水湖泊
苏必利尔湖

海拔最高的河流
雅鲁藏布江

缩减最严重的湖泊
处于乌兹别克斯坦和哈萨克斯坦交界处的咸海

世界上最长的岩盐洞穴
2019年3月28日，以色列索多玛火山下10千米长的马勒姆洞穴被认为是最长的岩盐洞穴

海拔最高的云
夜光云，形成于海拔约80千米处，高于99.9%的地球大气

最大的熔岩湖
刚果民主共和国的盾状火山尼拉贡戈火山，火山口深约250米，内有一个活跃的熔岩湖

地球最大的沼泽地
南美洲潘塔纳尔沼泽

最大的半岛
阿拉伯半岛

世界上最大的环礁湖岛
基里巴斯的圣诞岛

最大的珊瑚礁群
澳大利亚大堡礁

最多的砂岩峰柱集中地
中国湖南张家界砂岩峰林地质公园

增长最快的山峰
南伽帕尔巴特峰高8125米，每年升高约7毫米

最高的平顶山
位于南美洲的罗赖马山

南极洲最高峰
文森峰（5140米）

最高的冰川
尼泊尔东北部的昆布冰川

地处最南的活火山
南极洲埃里伯斯火山

最大的活火山
美国夏威夷的冒纳罗亚火山

最深的海洋蓝洞
中国南海西沙群岛附近的龙洞，深度301米

最高的沙丘
中国北部巴丹吉林沙漠的巨型沙丘，最高达 500 米

世界上最大的单体岩石
艾尔斯巨石

国家之最

人口最多的国家
中国

语言最多的国家
巴布亚新几内亚，现有 820 种被使用的语言

世界最大的国中国
莱索托，也是平均海拔最高的国家

最长的边境线
美国与加拿大的边境线

受龙卷风侵袭最多的国家
美国，平均每年有超过 1000 起龙卷风

最大的群岛国家
印度尼西亚，也是火山最多的国家

面积最大的内陆国
哈萨克斯坦

产椰子最多的国家
菲律宾

出产黄金最多的国家
南非

城市之最

世界上摩天大楼最多的城市
中国深圳

世界上消费最高的城市
新加坡

世界上最热的城市
伊拉克巴士拉

世界上最高的城市
秘鲁的拉林科纳达城

世界上最低的城市
巴勒斯坦的杰里科

动物之最

最凶猛的海洋哺乳动物
虎鲸有 8～10 米长，体重约有 9 吨，性情凶猛，称得上是海上霸王

最大的蛇
森蚺是所有蛇中个头儿最大的，身体长达 7～10 米

最小的蛇
最小的蛇是身长为 20～30 厘米、粗约 8 毫米的盲蛇，以蚂蚁或小型无脊椎动物为食

分布最广的陆地蛇
欧洲蝰蛇

最小和最大的犀牛物种
苏门答腊犀牛和白犀

最小的灵长目动物
鼠狐猴

地球最北面的有蹄类动物
麝牛

皮毛最浓密的动物
海獭，每平方厘米的毛多达 16 万根

地球最北面的兔类动物
北极野兔

最原始的昆虫
原尾虫，只有 0.5～2 毫米，身体细长，喜欢潮湿的环境，多生活在石块、瓦片或草根下面

最慢的昆虫翅振
欧洲燕尾蝶翅膀每分钟扇动 300 次，每秒才 5 次

进食最快的鱼
䲟鱼，可以在不到 6 毫秒的时间内张开嘴巴吞下猎物

咬合力最大的鱼
邓氏鱼

最大的食肉性鱼类
大白鲨，最大的身长可超过 6 米

最大的溯河洄游鱼类
白鲟

脚最多的动物
千足虫，有的全身有 175 节，可有 690 只脚

最强大的捕猎鸟类
雌性美洲角雕，可捕猎大小与它们相同或比它们大、体重达 9 千克的动物

最大的两栖动物
大鲵全长可达 1～1.5 米，最重的大鲵体重超过 50 千克

头冠最大的恐龙
鸭嘴龙

咬合力最大的恐龙
霸王龙

跑得最快的恐龙
似鸟龙

电力最强的动物
电鳗，2019 年 9 月的一项研究表明，一条身长 1.2 米的雌性电鳗可产生高达 860 伏的电

生活在水下最深处的章鱼
小飞象章鱼，可在海平面以下约 4864 米处生活

最小和最重的蝎子
最小的品种是微杀牛蝎，最重的是西非帝王蝎

野生鸟类最长的羽毛
长尾雉的中央尾羽长度可能超过 2.4 米

最大的蜗牛
非洲的玛瑙螺，一般超过 20 厘米，壳高 15.4 厘米，直径 8 厘米

毒性最强的鱼
河豚

体形最大的中型野猫
猞猁

最大的野生猫科动物
东北虎

嘴巴最大的陆生哺乳动物
河马

舌头最长的动物
食蚁兽

最大的兽群
角马是东非地区数量最多的牧食性野生动物，喜欢群居，有时巨大的群体覆盖了长 222 千米、宽 24 千米的地区，整个群体约有 1000 万头

最大的蝗虫群
历史上最大的蝗群纪录，是 1889 年红海上空出现的一个蝗虫群，估计有 2500 亿只蝗虫，重量达 55 万吨

最大的蟾蜍
分布在南美洲和中美洲热带地区的海蟾，它们中最大的身体可长达 25 厘米

现存最老的陆地动物
塞舌尔巨龟乔纳森

基因组最大的物种
蝾螈

最重的鹦鹉
海克力士鹦鹉是从 2008 年在新西兰南岛出土的两块腿骨化石中发现的，预估其重量可达到 6.96 千克

最稀有的鹦鹉
小蓝金刚鹦鹉

植物之最

最小的种子
斑叶兰，约 9.92 亿粒才有 1 克重

寿命最长的植物
波西多尼亚海草，寿命超过了 10 万年

最高的竹子
印度麻竹，很多都超过 30 米

寿命最短的种子植物
短命菊又叫"齿子草"，它的一生只有短短几个星期的时间，甚至还不到 1 个月

最长命的叶子
百岁兰的叶子，有 100 多岁

最小的开花植物
无根萍

生长最快的海生植物
巨藻

拥有最大植物基因组的树
海岸红杉

最高的树
加利福尼亚有一棵北美红杉，可高达 142 米，直径就有 12 米

最厚的树皮
巨大红杉，随着年龄增长，巨大红杉的树皮厚度可达 25～121 厘米

世界上最高的热带树木
马来西亚沙巴州一棵黄柳桉树，认证高度为 100.8 米

人类之最

人体最活跃的肌肉
眼部肌肉，每天运动超过 10 万次

人体速度最快的肌肉
眼轮匝肌，能在 0.1 秒内闭合眼睑

人体最大的内脏器官
肝脏

人体最大的静脉
下腔静脉

人身体触感最敏锐的部分
指尖，可区分两个相距仅 2 毫米的接触点

建筑之最

世界上最高的桥
中国北盘江第一桥

世界最高的室外电梯
中国湖南张家界砂岩峰林地质公园里的百龙天梯，有 326 米高

最高的印度教寺庙
印度斯里兰甘纳萨斯瓦米神庙有 13 层，高达 72 米，有 1000 多年的历史，供奉的是印度教毗湿奴神的一种形式——婆罗婆罗摩

世界第一高电视塔
新东京塔，高 634 米

最高的仍未入住的大楼
朝鲜的柳京饭店

世界上最早的观景摩天轮
英国的"伦敦之眼"

最大的公墓
伊拉克纳杰夫市的瓦迪·艾尔-萨拉姆，墓地面积达 9.17 平方千米

最高的大教堂的尖塔
德国乌尔姆新教大教堂，尖塔高达 161.5 米

最高的机场指挥塔台
马来西亚吉隆坡国际机场西塔，33 层，高 133.8 米

世界上海拔最高的国际机场
玻利维亚拉巴斯国际机场，海拔 4061 米

世界上最长的跨海大桥
港珠澳跨海大桥

世界上现存最古老的木构建筑群
日本法隆寺

世界上最长的海底隧道
日本青函海底隧道

最大的哥特式基督教堂
美国的圣约翰大教堂

最高的自立式铁塔
东京铁塔，高 333 米

最大的地下石造建筑遗址
墨西哥丘鲁拉城地下金字塔遗址

文化艺术之最

最古老的画种
中国国画

世界上佛像最多的石窟
云冈石窟

现存最古老的星图
敦煌莫高窟的《敦煌星图》

现存最大的中世纪世界地图
赫尔福德世界地图，为牛皮纸材质，于 1300 年左右在英国绘制

世界上现存最早的航海图集
《郑和航海图》

世界上现存最古老的法典
《汉谟拉比法典》

最长的诗
印度史诗《摩诃婆罗多》

最早的女诗人
萨福

最早的寓言集
《伊索寓言》

世界上最早的侦探小说
《莫尔街凶杀案》

世界上最早的茶叶专著
《茶经》

最卖座的系列动画电影
《神偷奶爸》

票房最高的音乐剧
迪士尼剧院制作的舞台音乐版《狮子王》，也是票房史上超过任何一部电影或舞台剧的作品

票房最高的电影（2020 年）
《复仇者联盟 4：终局之战》已获得约 28 亿美元的票房，这部超级英雄巨制是漫威电影的第 22 部电影

同时获得奥斯卡最佳国际影片和最佳影片奖的第一部电影
2020 年 2 月 9 日，在美国洛杉矶市举行的奥斯卡金像奖年度颁奖典礼上，电影《寄生虫》（韩国，2019 年）荣获了两项大奖

首部票房达到 10 亿美元的动画电影
《玩具总动员 3》（2010 年上映）

发明之最

世界上最早的造纸术
西汉时期的蚕丝造纸技术

世界上最早的印刷术
雕版印刷术

世界上最早的火药
隋末唐初孙思邈发明的火药

世界上最早的太空望远镜
哈勃望远镜

世界上最早的麻醉剂
东汉末年华佗发明的麻沸散

最早的地球仪
德国航海家、地理学家贝海姆于1492年发明，现藏于纽伦堡日耳曼国家博物馆

最古老的皮鞋
被发现在亚美尼亚东南部的一只有5500年历史的皮鞋，长24.5厘米，由一整块皮革制成

最古老的袜子
可追溯到公元4世纪，发现于埃及的奥克希林库斯古城

世界上最早的数码相机
柯达应用电子中心于1975年研制出的"手持电子照相机"

世界上最早的播种机
木犁

世界上最早的纺纱机
元代的纺纱机

交通之最

最古老的仍能正常行驶的汽车
于1884年生产的蒸汽动力四轮四座轿车"侯爵夫人"

第一款油电混合动力汽车
保时捷"永生"

第一辆太阳能列车
"拜伦湾号"太阳能列车

最快的电动汽车
2016年9月19日，电动汽车VBB-3以549.21千米/小时速度完成了1英里的双向行驶

最长的公交线路
秘鲁奥尔梅尼奥公司运营的一条长6200千米的公交线路，全程102小时（利马—里约热内卢），穿过亚马孙河和安第斯山脉

最长的有轨电车路线（市内）
加拿大多伦多的501路"女王号"有轨电车，线路全长24.5千米，24小时运营，每天约5.2万名乘客搭乘

最快的客轮
"美国号"游轮，试航速度达到81.48千米/小时

最早的滑翔机
1801年，英国空气动力学家乔治·凯利研究了风筝和鸟的飞行原理，并于1809年制造出第一架滑翔机

最早的飞艇
1851年，法国工程师亨利·吉法尔制造了一架长44米、直径12米的橄榄型飞艇

世界上最早的直升机
1907年，法国发明家保罗·科尔尼研制出世界上第一架直升机——"飞行自行车"

—图说天下·少年博物—

世界之最

文图编辑：杨　静
美术编辑：张大伟
封面设计：罗　雷
版式设计：周　正
图片提供：视觉中国　站酷海洛
　　　　　全景视觉